nur dede
anlatıyor-1

MEHMED PAKSU

D1720319

nur dede
anlatıyor-1

MEHMED PAKSU

Yayın Yönetmeni:
Selahattin Arslan

Editör:
İsmail Fatih Ceylan

Mizanpaj:
Kadir Kara

Kapak:
Yasin Özcan

Üretim:
Ali Osman Macit

ISBN: 978-975-8499-49-6

Baskı:
Eylül 2008

Baskı-Cilt:
Nesil Matbaacılık
Beymer San. Sit. 2. Cad. No: 23
Yakuplu - B. Çekmece / İstanbul
Tel: (0212) 876 38 68 pbx

NESİL YAYINLARI
Sanayi Cd. Bilge Sk. No: 2 Yenibosna
34196, Bahçelievler / İstanbul
Tel: (0212) 551 32 25 pbx
Faks: (0212) 551 26 59

İnternet: www.nesilyayinlari.com
e-posta: nesil@nesilyayinlari.com

nur dede anlatıyor-1

MEHMED PAKSU

BİRİNCİ KİTAP

NESİL

1953 Haziran'ında, bir Ramazan gününde Gaziantep'te doğdu. Temel dinî eğitimini ilk hocası olan babasından aldı. İlkokuldan sonra üç yıl kadar Gaziantep Ahmet Çelebi Kur'ân Kursu'nda okudu, iki yıl kadar da özel hocalardan Arapça dersler aldı. Eğitimini Gaziantep İmam Hatip Lisesi'nde sürdürdü (1970-1977). İstanbul Üniversitesi Edebiyat Fakültesi'nden mezun oldu (1981).

Yayın hayatına, 1980'de Yeni Asya Yayınları'nda başladı. Can Kardeş çocuk dergisinin yazı işleri müdürlüğünü yaptı (1981-1982). Yedek subay olarak askerliğini tamamladı (1982-1983). Askerlik dönüşü Yeni Asya Yayınları'nda editör-yazar olarak çalışmaya devam etti, 400 kadar kitabı yayına hazırladı (1983-2000). İlk yazısı 1978'de, ilk kitabı 1984'te yayınlandı.

Nesil Yayınları'nda araştırmacı-yazar olarak çalışıyor. 1992'den bu yana Moral FM'de hafta içi hergün Moral Kuşağı adlı dinî içerikli programı hazırlayıp sunuyor. İki yıl kadar "Dünden Bugüne Tercüman" gazetesinde yazılar yazdı. Hâlen "Bugün" gazetesinde köşe yazarlığı yapıyor ve dinî sorulara cevaplar veriyor.

1982'de Fatma Hanım'la evlendi. Zeynep Sevde, Saide Nur ve Melda Nur adlarında üç evladı var.

MEHMED PAKSU

mehmetpaksu@gmail.com

YAYINLANMIŞ ESERLERİ

- Açıklamalı İslâm İlmihali
- Helâl–Haram
- Kadın, Evlilik ve Aile
- İbadet Hayatımız
- Meseleler ve Çözümleri/1-2
- Çağın Getirdiği Sorular
- Sünnet ve Aile
- Aileye Özel Fetvalar
- Açıklamalı Dua Kitabı
- Cennete Koşan On Arkadaş
- Cep İlmihali
- Cep Lügati
- Gençliğe Sesleniş
- Açıklamalı Namaz Tesbihatı
- Kur'ân-ı Kerim ve Açk. Meali (heyet)
- Sahabiler Ansiklopedisi/1-2 (heyet)
- Gençlik İlmihali
- Kudüs ve Mescid-i Aksa
- Namaz Rehberi

- Nur Dede
- Nur Dede Anlatıyor/1-2-3-4
- Ölüm ve Sonrası
- Peygamberimizden Günlük Dualar
- Peygamberimizin Dilinden Hac ve Umre
- Peygamberimizin Örnek Ahlâkı
- Vesvese: Sebepleri ve Kurtuluş Yolları
- Peygamberimi Seviyorum/1
- Mübarek Aylar, Günler ve Geceler
- Hayatımızdaki Kur'ân
- İman Hayata Geçince
- Kadın ve Aile İlmihali
- Olayların Kur'ânca Yorumu
- Peygamberimizin Ramazan'ı ve Oruçları
- İnsanı Uçuruma Götüren Sözler
- Küçülen Dünyanın Büyüyen Yaralarına Kur'an'dan Reçeteler

İÇİNDEKİLER

ÖNCE BİRKAÇ SÖZ

Nur Dede bir mâna büyüğümüzü tanıttı, bir bilginimizi anlattı, Kur'ân'ı bize anlatan değerli bir insanı sevdirdi.

Nur Dede'miz , bu ülkede doğmuş, bu ülkede yaşamış, bu ülkede eğitim-öğretim görmüş, bu ülkenin dilini kullanmış, öncelikle bu ülke insanına seslenmiş, ama o aslında bütün dünyaya seslenmişti.

Çocukluk yılları, gençlik dönemi, eğitim yılları çok heyecanlı ve çok hareketli geçmiş.

Dini ilimleri öğrenmiş, matematik, fizik, kimya okumuş, felsefe alanında yeterli bilgi sahibi olmuş; çeşitli bilim dallarında koca koca 90 kadar kitabı ezberine almış.

Hoca olmuş, öğrenci yetiştirmiş, kitap yazmış; okumuş, okutmuş; öğrenmiş, öğretmiş; 90 seneye varan hayatı hep böyle geçmiş.

Nur Dede'nin hayatı kısaca böyle, ama neler yazmış, neler söylemiş, hangi konuları ele almış, nasıl bir üslup kullanmış?

Evet, Nur Dede bütün kitaplarında, bütün yazdıklarında, hayatı boyu bütün sohbetlerinde tek konu üzerinde durmuş: İman...

İman nedir, varlıklar bizi Allah'a nasıl ulaştırır?

Allah'ın isimlerini nasıl okumalıyız, nasıl anlamalıyız?

Allah'ı nasıl tanımalı, Ona nasıl iman etmeliyiz?

Kur'ân'ı nasıl okumalı, nasıl öğrenmeliyiz?

Peygamberler bize ne getirmiş, neler öğretmiş?

Yeni bir hayat nasıl başlayacaktır? Cennet, Cehennem nedir?

İnsan bu dünyaya niçin gönderilmiştir, görevleri nelerdir?

Allah'a nasıl kulluk etmeliyiz? Onun emirlerini niçin dinlemeliyiz?

Dünyayı, kâinatı nasıl okumalı, nasıl görmeli, nasıl yorumlamalıyız?

Nur Dede olarak tanıdığınız Bediüzzaman Said Nursî'nin kaleme aldığı kitapların toplu adı Risale-i Nur.

Belli başlı büyük kitapları: Sözler, Mektubat, Lem'alar ve Şualar.

Bu kitaplar birer Kur'an tefsiri, dinî ve bilimsel kitaplar. Anlatımı ve üslubu çekici, ilginç ve farklı...

Biz bu çalışmada Sözler'den istifade ettik. Fikirler, düşünceler, öz ve esaslar bu kitaba ait.

Yukarıda sıraladığımız hayatî ve önemli konuları siz gençlerimize aktarmak ve ulaştırmak için yardımcı olmaya çalıştık, kolayca istifade edesiniz diye...

Sadece ve sadece anlatım ve ifadeler yeni, düşünceler Sözler'e ait.

Birinci kitapla "Bismillah" dedik. Rabbimin yardımı, sizlerin duası ile inşaallah devamını da getirmek istiyoruz.

Mehmed Paksu

İNEK VE KEÇİ
NASIL BİSMİLLAH DER?

"Bismillah bütün varlıkların hal diliyle
devamlı söyledikleri bir kelimedir.
Herbir inek, deve, koyun, keçi gibi mübarek hayvanlar
Bismillah der. Allah'ın rahmetinden bir süt çeşmesi olur.
Bizlere Rezzak olan Allah adına, Rahman olan Rabbimiz adına,
en tatlı, en temiz, âbıhayat bir besini sunar."

"Meee! Meee! Mooo! Mooo! Aaaaa!"

Keçi ve inek dili. Keçice ve inekçe sesler.

Öyle güzel bir dil ki, sadece onlara has, onlara özgü.

Sadece keçi ve inek mi konuşur?

Tabiî ki, hayır!

Diğer canlılar da konuşur mu?

Evet, her hayvanın kendine özgü bir
dili vardır. Kendi aralarında konuştukları
bir dilleri bulunur. Karıncalar iş başınday-
ken ayrı bir dil konuşur. Balarıları çiçek
özü toplarken farklı bir dille anlaşırlar.

Kuşların da ayrı bir dili vardır. Hani "Kuş dili" deriz ya! İşte öyle bir şey.

Balıkların ayrı bir konuşma biçimi vardır şüphesiz.

Sinekler ve böcekler başka başka dillerle konuşurlar, vızlayarak...

Kuş dili dedim de aklıma geldi. Süleyman Peygamber (a.s) kuş dilinden anlarmış. Onun bir mucizesi bu...

Neml Sûresinde Hüdhüd isminde bir kuştan söz edilir. Hüdhüdün Hazret-i Süleyman'la konuştuğu anlatılır.

Bir de topal karınca vardır yine bu surede. Aynı peygamberle konuşmuş. Çok ilgi çekici değil mi? Ben çok sevmiştim ilk okuduğumda bu âyetleri.

Bunlar gibi develerin, koyunların, keçilerin ve ineklerin de ayrı ayrı dilleri vardır.

Bu hayvanlar ara sıra sesli konuşsalar da, çoğu kere içlerinden konuşurlar, sessiz iş görürler. Ama asıl konuşmaları; usanıp bıkmadan çalışmaları ve üretimleridir.

Keçi ile ineğin bitirdikleri bir okul var mı? Bir kurs görmüşler mi acaba?

Hiç sanmam. Sanmam değil, yok aslında böyle bir şey.

Ben hiç inek okulu duymadım, siz de duymamışsınızdır mutlaka...

Bunun için okuma yazmaları da yok. Ama ne şahane işler yapıyorlar, değil mi?

Ne mi yapıyorlar?

Tabiî ki süt. O kadar bilgisiz, o kadar kültürsüz, üstüne üstlük akılsız ve o kadar da zavallı oldukları halde, bu sütü nasıl yapıyorlar?

Bunun tek cevabı var:

Bismillah diyerek. Allah adını söyleyerek, Allah adına hareket ederek kuşkusuz...

"Bismillah" dediklerini nereden biliyoruz?

Kendi güçleri, kendi bilgileri ve kendi çabalarıyla yapmıyorlar da ondan biliyoruz.

Başka bir yerde eğitilmişler de dünyaya öyle gönderilmiş gibiler.

Çünkü bu hayvanlar doğar doğmaz hemen yürüyorlar, birkaç gün sonra hoplayıp zıplıyorlar, yirmi gün içinde nerdeyse her şeyi öğrenmiş oluyorlar.

Ama insan öyle mi? Yıllar sonra bile ana-babasına muhtaç bir yapıda yaratılmış...

Yüce Yaratıcı hayvanı dünyaya gönderirken, yapacağı her şeyi ona öğretmiş. Dersini önceden almış desek belki daha kestirme bir cevap olur..

Keçi sütü üretirken, ona ne kan karışıyor, ne pislik. Tertemiz, bembeyaz bir şekilde bize sunuyor. Üstelik, sütü kendisi için değil, yavrusu için ve insanlar için üretiyor.

(Birinci Söz'den)

ASIL MAL SAHİBİ
NE İSTİYOR?

Tablacı hükmünde olan insanlara bir fiyat veriyoruz.
Acaba asıl mal sahibi olan Allah ne fiyat istiyor?
Evet, O hakiki nimet veren, bizden o kıymetli nimetlere,
mallara karşılık istediği fiyat ise üç şeydir:
Biri zikir, biri şükür, biri fikirdir.
Başta Bismillah zikirdir. Sonunda Elhamdülillah şükürdür.
Ortada, bu kıymetli sanat harikaları olan nimetler Ehad,
Samed olan Allah'ın bir kudret mucizesi ve rahmet hediyesi
olduğunu düşünmek ve kavramak fikirdir.

"**S**ulu bunlar, elma! Amasya elması! Bal üzüm, şerbet, İzmir'in!"

"Kilosu kaça? Ver birer kilo! Sert olsun! Üzüm de sarısından, güneş görmüşünden olsun..."

Parasını veriyoruz, alıyoruz. Kilo, kilo, kasa kasa... Yiyoruz âfiyetle doyasıya...

Bir tane elmayı, bir tek üzümü ne o satıcı yapabilir, ne de bahçe sahibi...

Üretildiği fabrika ise sadece basit bir toprak. Üretim makinesi mi, haliyle ağaç: Ruhsuz, akılsız, bilgisiz, eli kolu bağlı, âciz dal budak yığını bir ağaç...

Bu kadar zavallı ve zayıf olduğu halde nasıl yapabiliyor o sulu sulu canım elmaları bu ağaç. Üstelik kendisi çamur yiyor, yavrusu olan elmaya şekerli şerbet gönderiyor...

Ağaç görünüşte çok güçsüz. Ama bir de bakıyorsunuz, iplik gibi incecik kökleri metrelerce toprağı delmiş, yerin derinliklerine kadar inivermiş. Biz olsak, kazma kürek zor ulaşırız o köklerin yarıp geçtiği toprağa...

Ne dersiniz, gücünü kuvvetini nereden alıyor acaba?

Hepimizin ağzından ister istemez "Bismillah" kelimesi çıkıyor değil mi?

Gücü her şeye yeten Yaratıcı adına hareket ettiği için, kara toprak bağrını açıyor ona, yarılıyor, yol veriyor sevinerek...

Elmanın sahibi kim?

Elmanın asıl sahibi, satıcısı değil, üreticisi değil, ağaç ve toprak hiç değil... Kim?

Cevap mı, ondan kolayı ne var?

Sözü, toprağa, ağaca, dünyaya ve güneşe geçen o Yüce Güç...

Satıcıya üç-beş kuruş veriyoruz, ya onu bize gönderene ne vereceğiz? Rengiyle, tadıyla, kokusuyla, hazır ambalajıyla asıl mal sahibine ne vereceğiz?

Üç cevap:

Bir:

Zikir. Elmayı, gönderen Rabbimizin adını anmak. Elimize alıp ağzımıza götürürken "Bismillah" demek. "Senin adını anarak kabul ediyorum. Çünkü onun üzerinde senin adını görür gibi oluyorum yâ Rabbi!" demektir.

İki:

Şükür. "Allah'ım, bana böyle güzel, tatlı, sulu ve hoş bir meyve olan elmayı gönderdiğin için Sana teşekkür ediyorum, Sana şükürler olsun" diyoruz.

Elmayı Ondan başka yapabilecek biri var mı? İnsanlar yapacak olsaydı, bir elmaya cüzdan dolusu para vermek zorunda kalırdık herhalde...

Üç:

Fikir. Yani düşünmek. Ama nasıl?

Bu elma bir sanat harikası. Olağanüstü bir sanat eseri. Kabuğuyla, içiyle, çekirdeğiyle ve tadıyla. Hiçbir insanın yapamayacağı kadar da mükemmel.

Elmayı yapan güç birdir. Çünkü güneşi de, ayı da, dünyayı da yaratan bir...

O Yaratıcının bu elmaya ihtiyacı yok, asıl muhtaç olan biziz.

Demek ki, bizi bilen ve seven Birisi göndermiş bu elmayı özel olarak adresimize...

Satıcıya para verir, teşekkür eder de, elmayı yaratana, gönderene şükretmezsek ne kadar saygısızlık etmiş oluruz değil mi?

(Birinci Söz'den)

KÂİNATIN SAHİBİ KİM?

"Bir köy muhtarsız olmaz. Bir iğne ustasız olmaz, sahipsiz olamaz. Bir harf kâtipsiz olamaz, biliyorsun. Nasıl oluyor ki, sonsuz derecede bir düzen içinde bulunan şu memleket sahipsiz, idarecisiz olur?"

Siz hiç muhtarsız köy, kaymakamsız ilçe, valisiz il gördünüz mü, duydunuz mu?

Görmemişsiniz, duymamışsınızdır.

Neden görmediniz, duymadınız?

Olmaması mümkün değil de ondan. Çünkü böyle bir yerde düzenden, güvenden ve huzurdan söz edilemez.

Bir yerleşim bölgesinde düzenli bir hayat, güvenli bir ortam varsa, orada mutlaka etkili bir idareci vardır.

En basitinden bir iğne, mutlaka bir usta elinden çıkmış, bir firma tarafından üretilmiştir. Rast gele, kendi kendine olmamıştır.

Neden?

Çünkü o iğne bir işlemden geçmiştir. Ucu sivriltilmiş, delik açılmış, kolayca kullanılır hale getirilmiştir. İsterseniz iğne paketinin üzerine bakınız, mutlaka bir marka bulacaksınız.

Sabahleyin sınıfa girdiniz, yazı tahtasının üzerinde boydan boya kocaman bir "A" harfi gördünüz, hemen aklınıza ne gelir?

Sınıftan bir arkadaşınızın yazdığı gelir, değil mi? Yoksa siz de içinde olmak üzere, hiçbir arkadaşınız "Bu harf kendi kendini yazdı" veya "Tahtanın önündeki tebeşir sabaha karşı hareketlendi, gitti o harfi yazdı" diyemez.

Dese, alacağı cevap bellidir: "Sen aklını mı kaybettin?"

Demek ki, bir harf bile kendi kendine yazılamıyor.

Bir de dönüp şu dünyaya, kâinata bakalım.

O engin denizleri, o güzelim kuşları, o canım kelebeği, renk renk bahçeleri, çiçekleri, böcekleri kim yaptı dersiniz?

Koskoca dağları, bulutları, Ayı, Güneşi, sayıya gelmez yıldızları kim yarattı, dersiniz?

Milyonlarca yıldır güneş doğuyor, batıyor. Dünyamız uzay boşluğunda belli bir yörünge etrafında dönüyor. Gece gündüz, yaz kış gelip geçiyor. İnsan doğuyor, büyüyor, ölüyor.

Binlerce kuş gökyüzünde birbirine çarpmadan uçuyor. Milyarlarca yıldız yörüngesini şaşırmadan, çarpışmadan göz kırpıp duruyor.

Bunlar bir iki örnek. Siz de aklınıza gelen örnekleri bunlara ekleyebilirsiniz.

Acaba gördüğümüz bu olaylar kendi kendine mi oluyor? Bunların bir sahibi, bir idarecisi, bir yapanı yok mu?

Vardır.

Olmaması mümkün mü?

Mutlaka vardır, değil mi?

Aksini iddia etmek ne kadar doğru?

Tabiî ki doğru değil.

Öyleyse:

Bir köyün muhtarı varsa, bu kâinatın da bir İdarecisi vardır.

Bir iğnenin ustası varsa, balarısına iğneyi takan bir Yaratıcı da vardır.

Bir harfi yazan varsa, bir kitap gibi okuduğumuz bu kâinatı da bir yazan, bir yaratan, bir yapan vardır.

O da bir, tek, ortağı ve benzeri olmayan Yüce Allah tır.

(Onuncu Söz'den)

O'NU İSİMLERİ
İLE TANIYORUZ

Cenab-ı Hakkı nasıl tanıyoruz?

Tabiî ki, isimleri aracılığıyla.

Nasıl mı?

Meselâ Cenab-ı Hak Hâlık'tır. Yani, yaratıcı, yaratan, yoktan var eden.

Her şeyi O yarattı. Beni, annemi, babamı, kardeşlerimi, Türkleri, Arapları, Çinlileri, bütün insanları.

Dünyanın kuruluşundan bu yana, dünyanın sonuna kadar herkesi O yarattı, O yaratacak.

Sadece insanları mı, hayır, bitkileri, hayvanları, taşı, toprağı, denizi, karayı, Ayı Güneşi, gezegenleri, yıldızları...

Dünyayı, âhireti, Cenneti, Cehennemi, görebildiğimizi, göremediğimizi, bildiğimizi, bilmediğimizi...

Bütün varlıklar, "Yâ Hâlık! Yâ Allah!" diyorlar, yaratıcılarına...

***

Yüce Allah varlıkları yarattı da öyle mi bıraktı? Onların ihtiyaçlarını, yiyeceklerini, içeceklerini, giyeceklerini, hayatlarını devam ettirebilecekleri rızıklarını verdi.

Benim ve bütün insanların rızıklarını hiçbir ayırım gözetmeden verdi, veriyor, verecek.

İnanan, inanmayan, iyi, kötü herkesin ihtiyacını karşılıyor.

Tekir kedinin ve bütün kedilerin, serçenin ve bütün kuşların, hamsinin ve bütün balıkların, sineğin, karıncanın ve bütün böceklerin de rızıklarını veriyor.

Çiçeğin, gülün, papatyanın, fidanın, ağacın ve bütün bitkilerin ihtiyacı olan her şeyini veriyor.

Dünyanın yaşaması için hava, su, ışık, atmosfer veriyor, güneşin işini görmesi için enerji veriyor. Bitmeden, tükenmeden, azalmadan, sürekli...

Bütün varlıklar hep beraber "Yâ Rezzak! Yâ Allah!" diyorlar kendilerini besleyen, büyüten, rızıklarını verene...

***

Allah bütün güzellikleri, rızıkları, renkleri, ışığı yarattı, ama onları orta yerde bırakmadı.

Onları görmek için bana göz verdi, gözüme görme duygusu verdi, görebilmem için ışık verdi.

Anneme de, babama da, bütün yakınlarıma, hiçbir ırk ayırımı gözetmeden bütün insanlara gözü, görmeyi verdi.

Her milletin gözünü ayrı biçimde yarattı, sadece milletlerin mi, bütün insanların gözü farklı diğerlerinden...

Sadece insanlara mı verdi gözü? Sinekten karıncaya, yılandan tilkiye, ayıdan maymuna, kediden köpeğe, tavuktan kartala, balıktan balinaya kadar bütün canlılara, hayvanlara da göz ve görme duygusu verdi.

Her varlığın gözü farklı, görmesi farklı, bakışı farklı...

Gözü verdi, ama görmeyi ihmal etmedi.

Görmeyi verdi, görülecek varlıkları ihmal etmedi.

Varlıkları verdi, onları gösterecek ışığı da ihmal etmedi.

Demek ki, göz, görme, varlık, ışık dörtlü bir bütün... Bunları O yarattı, kendisini bize tanıtmak için...

Biz belli şeyi, belli uzaklıktaki, belli yakınlıktaki cisimleri görebiliyoruz. O her şeyi görüyor, gösteriyor.

Bizim görmemiz belli zamanla sınırlı, Onun görmesi sonsuz ve ebedî...

Biz insanlar ve bütün gözlü varlıklar Rabbimizi anarken "Yâ Basîr! Yâ Allah!" diyoruz, gözümüzle ve görmemizle Allah'ın Basîr ismini tanıyoruz.

***

Yüce Allah yarattığı her şeye bir güzellik verdi. Her varlık  kendine göre güzel, tatlı, şirin, hoş, çekici, göz alıcı ve gönül okşayıcı...

Bebek güzel, çocuk güzel, anne güzel, baba güzel, kardeşim güzel ve O yarattığı için ben güzelim.

Menekşenin güzelliği ayrı, karanfilin güzelliği ayrı, nar çiçeğinin güzelliği apayrı.

Portakalın yeşil yaprakları içindeki güzelliği, siyah üzümün üzüm bağı arasındaki güzelliği, kayısının kayısı ağacı üzerindeki güzelliği; çamın, çınarın, akasyanın güzelliği bambaşka. Bütün bitkilerin ve ağaçların ortak güzelliği, ormanı ve korusuyla...

Kuzunun güzelliği, kanaryanın güzelliği, kelebeğin güzelliği, uğur böceğinin, kaplumbağanın ve akvaryum balığının güzelliği; bütün canlılar, hayvanlar birbirinden güzel, her varlık kendi güzelliğini sergiliyor güzelce...

Gökyüzü güzel, deniz güzel, toprak güzel, su güzel, bulut güzel, Güneş güzel, Ay güzel, dünya güzel, âhiret güzel, Cennet güzel, huriler güzel...

Peygamberimiz güzel, Kur'ân güzel, İslâm güzel, iman güzel, namaz güzel, oruç güzel, sevgi güzel, saygı güzel...

Dünyada ve evrende ne kadar güzel var? Sayılamayacak kadar...

Bütün bu sayılamayacak kadar olan güzeller, bütün güzelliklerini sonsuz bir güzellikten alıyor. Rabbimizin el-Cemîl ismi yansıyor âlemde, evrende...

Her varlık hep bir ağızdan, tek tek dille "Yâ Cemîl! Yâ Allah!" diyorlar kendilerine güzelliği veren yaratıcılarına...

**

Her varlığın üzerinde bir rahmet, merhamet ve şefkat tecellisi var.

Bitkilerde ve ağaçlarda bir merhamet izi var.

İncir ağacı kendi gübre ve çamurla besleniyor, ama bir tür yavrusu olan meyvesine süt veriyor, şekerli, ballı şerbet veriyor.

Kendine göre ona şefkat ve merhamet gösteriyor.

Çilek kendisi incir ağacı gibi gıdalarla besleniyor, ama meyvesi olan çileğe ne güzel, ne tatlı, ne şirin özler veriyor, her sabah yeni yeni açarak ve açılarak. O da bir yerde acıyor ve şefkatle besliyor yavrusunu...

Ya hayvanlar! Özellikle anne hayvanlar, yavrusunu dünyaya getirir getirmez bir şefkat ve merhamet güzelliği sergiliyor çevresine...

Koca arslan bir canavar hayvan iken anne olunca nasıl bir şefkatle bağrına basıyor, emziriyor, besliyor yavrusunu. Yemiyor, yediriyor, koruyor, kolluyor diğer vahşi hayvanların saldırısına karşı...

Kaplan, kurt, ayı hepsi, evet hepsi gösteriyor yavrularına aynı şefkati özenerek bezenerek, ibretle ve canlı bir tablo halinde...

Kedileri çok görmüşsünüzdür. Yavrulayınca ne kadar da merhametli bir anne oluyorlar değil mi? Emziriyor, besliyor, yalıyor, temizliyor, boyunlarından tutup gezdiriyor, koruyor, onlara hayatı öğretiyor, bir şefkat sembolü olarak...

Tavuklar da kedilerden geri kalmıyorlar aynı şefkat ve merhamet duygularını yavrularına göstermekte. Birer birer yumurtadan çıkardıkları civcivlerini palazlanana kadar besliyor, büyütüyor; kedi, tilki, atmaca ve benzeri tehlikeli hayvanlardan koruyor onları, hayatını tehlikeye atarcasına...

Ya annelerimizdeki şefkat, merhamet, sevgi ve bağlılık anlatılacak gibi değil.

Her anne bir şefkat kahramanı, bir merhamet canlısı bebekleri ve çocukları için...

Bütün bitkilerden canlılara, insanlara varıncaya kadar bütün anneler Rahîm isminden besleniyorlar, Allah'ın bu isminden alıyorlar şefkatlerini, merhametlerini ve sevgilerini...

Hepsi birden bilerek, bilmeyerek, farkına vararak, varmayarak Yâ Rahîm! Yâ Allah! diyorlar, hayatları boyu sürekli, biteviye...

Yüce Allah'ın binlerce ismini bu şekilde anlamak, kavramak, tanımak ve bilmek bir kulluk görevi ve iman bilincidir.

(Yirmidördüncü Söz'den)

İNSANIN GERÇEK DEĞERİ

"Demir alırım! Bakır alırım! Eskici!"

Mahalle aralarında hurda eşya toplayan hurdacılardır bunlar. Ne yaparlar? Demir, bakır, alüminyum, ne bulursa satın alırlar. Teraziye vurur, kantara koyar öyle fiyat biçerler.

Eski bir döküm sobasını da, atadan dededen kalma antika bir bakır eşyayı da tartarak satın alır. Siz her ne kadar antika olduğunu, değerli bir sanat eseri olduğunu söyleseniz de, o yine hurda fiyatı verir. Çünkü antikadan ve sanattan anlamaz.

Ama o bakır eşyayı antikacılara götürseniz, antikacı onun madenine değil, üzerindeki işlemeye, sanata ve antika oluşuna göre fiyat verir. Hurdacı bir **milyon vermişse**, antikacı bir **milyar verir.**

İşte insan Allah'ın antika bir sanat eseridir. İnsanın her şeyi bir mucize. Eli, ayağı, dili, gözü, iç organları; aklı, kalbi, ruhu her şeyi İlâhî bir mucize.

Allah'tan başka hiçbir güç böyle bir varlığı yapamaz ve yaratamaz. Allah'ın bütün isimleri insanın üzerinde okunur.

Nasıl mı?

Allah Basîr'dir. O gözü ve görme duygusunu yarattığı gibi, bizim göremediğimiz şeyleri de yaratmıştır ve görüyor.

Allah Semî'dir. O kulağı ve işitme duygusunu yarattığı gibi, bizim duyamadığımız bütün sesleri de yaratmıştır ve duyuyor.

Allah Âlîm'dir. Bütün bilgileri o yaratmış, bizim bilmediğimiz her şeyi, geçmişi geleceği, olmuşu olacağı O yaratmıştır ve biliyor.

Allah Muhyî'dir. Hayatı yaratmış, bize hayatı vermiş ve kendisi sonsuz bir hayat sahibidir.

Allah Cemîl'dir. Bütün güzellikleri o yaratmış, bizdeki bütün güzellikleri O vermiş, Kendisi de sonsuz güzellik sahibidir.

Bunlar gibi insan, Allah'ın daha yüzlerce isimlerini kendi üzerinde görebilir, öğrenebilir ve anlayabilir.

İnsanın içine iman nuru girince, bu sanatlar ve güzellikler ortaya çıkıyor. İman ışığıyla bu isimleri okuyabiliyor...

İnsan imanla Allah'a bağlanınca kendini tanıyabiliyor. Şöyle diyor:

"Ben Allah'ın sanat eseriyim, beni O yarattı, beni O yaşatıyor, O besliyor, bedenim de, ruhum da Onun..."

Demek ki, insan Allah'ı tanıyınca, Allah'ın bir sanat eseri olduğunu anlayınca değeri artıyor, yüceliyor, yükseliyor.

Ancak içine inançsızlık girerse, o iman ışığı sönüyor, kapanıyor, kapkaranlık bir biçime giriyor.

İnançsız bir insan, üzerindeki Allah'ın isim ve sıfatlarını göremediği, bilemediği ve inanmadığı için değeri düşüyor, alçalıyor; sönük, donuk ve kıymetsiz bir hale geliyor.

Örnekte yer alan antika ve sanat eseri bir bakır eşya gibi.

Antikacı o antikayı, bilgisi, tecrübesi ve sanat gözüyle anlıyor.

Hurdacı ise sadece onun ağırlığına bakıyor, üzerindeki sanat değerini göremiyor, bilemiyor.

İşte insanın bir sanat harikası, Allah'ın bir kudret mucizesi oluşu iman ışığıyla anlaşılıyor. O ışık sönünce, iman gözüyle bakamayınca bütün o güzellikler kararıyor, görünmez, bilinmez hale geliyor.

Evet: "İnsan nûr-i iman ile âlâ-yi illiyyîne çıkar, Cennete lâyık bir kıymet alır. Ve zulmet-i küfür ile esfel-i sâfilîne düşer, Cehenneme ehil olacak bir vaziyete girer."

Anlamı: "İnsan iman nuruyla yüceler yücesine çıkar, Cennete lâyık bir değer kazanır. İnançsızlık karanlığıyla aşağıların aşağısına düşer, Cehenneme girecek bir hale gelir.

İman: Cennet; küfür: Cehennem'dir.

(Yirmiüçüncü Söz'den)

HER SARAYIN
BİR SAHİBİ VAR

Bir zaman iki adam bir havuzda yıkandılar. Bir süre sonra kendilerinden geçtiler, uykuya daldılar. Uyanıp da gözlerini açınca baktılar ki, acaip bir âleme götürülmüşler. Her tarafta mükemmel bir düzen var.

Burası ilk bakıldığında bir ülke gibi, bir şehir gibi, hatta bir saray gibi...

Şaşkınlık içinde etraflarına baktılar. Daha sonra çıkıp gezmeye başladılar. Giderken bazı varlıklarla karşılaştılar. Kendi aralarında konuşup duruyorlar. Fakat konuştukları dil farklı, anlayamıyorlar. Yalnız bazı işaretlerden anladılar ki, bu varlıklar önemli işler yapıyorlar.

Döndü, arkadaşına dedi ki:

"Şu acaip âlemin bir idarecisi, şu düzenli ülkenin bir padişahı, şu mükemmel şehrin bir sahibi, şu muhteşem sarayın bir ustası vardır. Şimdi biz çalışmalıyız, onu bulmalıyız.

"Anlaşılıyor ki, bizi buraya getiren odur. Onu tanımazsak bize kim yardım eder? Dillerini bilmediğimiz, bizi de dinlemeyen bu varlıklardan ne bekleyebiliriz?

"Ayrıca bu âlemi bir ülke gibi, bir şehir biçiminde, bir saray şeklinde yapmış. İçini baştan başa olağanüstü şeylerle doldurmuş. Süslemiş, donatmıştır.

"Bizden ve buraya gelenlerden mutlaka bir isteği vardır. Onu tanımalıyız, bizden ne istediğini bilmeliyiz."

Öteki adam dedi ki:

"Ben böyle bir şeye inanmam. Bu koca âlemi birisinin idare etmesi mümkün değildir."

Arkadaşı ona cevap verdi:

"Onu tanımazsak, umursamaz olursak, faydası hiç yok, zararı olsa çok büyüktür. Eğer tanımaya çalışırsak zahmeti çok hafif, faydası olursa çok büyüktür. Ondan habersiz kalmak akıl kârı değildir."

Öteki adam tekrar dedi ki:

"Ben rahatımı ve keyfimi onu düşünmemekte görüyorum. Hem böyle aklıma sığmayan şeylerle uğraşmam. Bütün bu işler rastgele şeyler, karma karışık işlerdir. Kendi kendine dönüyor. Neme lâzım?"

Akıllı arkadaşı dedi ki:

"Senin bu inadın beni ve birçok insanı belâya atacak. Bir edepsizin yüzünden belki bir memleket harap olur."

Öteki adam dedi ki:

"O zaman ya bana bu memleketin bir sahibinin, bu sarayın bir ustasının olduğunu ispat et, yoksa beni kendi halime bırak, karışma."

Arkadaşı anlatmaya başladı:

"Şimdi ben sana ispat edeceğim: Bu memleketin bir sahibi, bu sarayın bir ustası vardır. Her şeyi idare eden o ustadır. Hiçbir eksikliği, noksanlığı yoktur. Bize görünmez, ama o bizi ve her şeyimizi görür ve sözlerimizi işitir.

"Bütün işleri harika ve mucizedir. Şu gördüğümüz ve dillerini bilmediğiniz varlıklar onun emrinde çalışıyorlar."

Birinci delil:

"Gel her tarafa bak, her şeye dikkat et. Bütün bu işler içinde gizli bir el işliyor. Bak, bir gram kadar gücü olmayan çekirdek küçüklüğünde bir şey binlerce kilo yükü kaldırıyor. Zerre kadar aklı yok, ama ne kadar bilinçli iş yapıyor.

Öyle değil mi? Toprağa atılan mini minnacık bir çekirdek çatlıyor, filiz veriyor, fidan oluyor, kocaman ağaç oluyor, meyveye duruyor, binlerce kilo yükü taşıyor.

Demek bunlar kendi kendine işlemiyor. Onları işleten gizli bir güç sahibi var.

İkinci delil:

Gel, bütün bu ovaları, bu meydanları, bu odacıkları süsleyen şeyler üstünde dikkat et. Her birisinde o gizli zattan haber veren işler var. Âdeta her biri birer imza, birer mühür gibi o görünmeyen zattan haber veriyorlar. İşte gözünün önüne bak, bir gram pamuktan neler yapıyor?

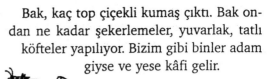

Bak, kaç top çiçekli kumaş çıktı. Bak ondan ne kadar şekerlemeler, yuvarlak, tatlı köfteler yapılıyor. Bizim gibi binler adam giyse ve yese kâfi gelir.

Öyle değil mi? Bütün çekirdekler bir gram pamuk gibi. Bir kayısı çekirdeğinden, bir kavun çekirdeğinden yaprak yaprak kumaşlar dokunuyor. Beyaz, sarı, kırmızı, pembe renk renk çiçekler açılıyor. Şekerleme ve baklavadan daha tatlı, köfte ve konservelerden daha lezzetli ve şirin meyveleri rahmet hazinesinden getiriyorlar, bize takdim ediyorlar.

Hem de bak, bu demiri, toprağı, suyu, kömürü, bakırı, gümüşü, altını gaybî (göremediğimiz) avucuna aldı, bir et parçası yaptı.

Öyle değil mi?

Vücudumuz et, kemik ve kandan oluşmuştur.

Hangi maddelerden yapılmıştır?

118 elementten.

Yukarıdan sayılan maddeler bunlardan sadece birkaçı.

Daha neler yok ki?

Çinko, alüminyum, kurşun, magnezyum, sodyum, kalay, kükürt, klor, krom... Saymakla bitecek gibi değil...

Bunlar nereden çıkıyor? Çoğu topraktan, bir kısmı sudan, bir kısmı da havadan.

O görünmez el, nasıl oluyor da cansız maddelerden mükemmel ve akıllı bir canlı yapıyor?

İşte ey akılsız adam! Bu işler öyle bir zatın elinden çıkıyor ki, bütün bu memleket her şeyiyle onun mucize kuvveti altında duruyor, her emrine boyun eğiyor.

Üçüncü delil:

Gel, bu hareket eden antika sanatlara bak. Her birisi öyle bir tarzda yapılmış ki, âdeta bu koca sarayın küçük bir örneği. Bu sarayda ne varsa, o küçük canlı makinede bulunuyor.

Bu sarayın ustasından başka birisi gelip bu mükemmel sarayı küçük bir makinenin içine koyabilir mi?

Antika sanat ve canlı makine insandır. Çünkü bu evrende ne varsa insanda küçük bir numunesi vardır. Dünyada bulunan bütün maddelerden ve elementlerden insanda çok küçük ölçekte vardır.

Ayrıca dünyada akarsular, ırmaklar varsa, insanda da kan damarları vardır. Dünyada ağaçlar ve otlar varsa, insanda da saç ve kıllar vardır. Dünyada dağlar ve kayalar varsa insanda da kemikler vardır. Dünyanın güneşi varsa, insanın da gözü vardır. Bu şekilde örnekler çoğaltılabilir.

Demek ki, gözün gördüğü ne kadar antika makine varsa, o gizli zatın birer imzasını taşıyor. Onlar şöyle diyorlar:

"Biz öyle bir zatın sanatıyız ki, bütün bu âlemi yaptığı gibi, bizi de kolaylıkla yapabilir, yaratabilir."

(Yirmi ikinci Söz'den)

ALLAH BİRDİR, AMA NASIL?

Nakil araçlarıyla ülkenin her tarafından binlerce ton mal gelir. Bir meydana yığılır. Gelen bu malların zengin bir iş adamına ait olduğu iki şekilde bilinir.

Birinci yol: Herkes der ki: Bu kadar mal olsa olsa şu meşhur zenginindir. Çünkü ülkenin en zengini o adamdır.

Bu söz kaba tahmine dayanan bir görüştür. Bu sözün bir dayanağı yoktur.

Bunun için meselâ, birisi çıkıp, "Hayır, bu malların bir kısmı da, falan zenginindir" diyebilir.

Bir başkası da "Yok, efendim bazıları da falan tüccarındır" gibi görüşler öne sürebilir.

Böylece bu mallar birden fazla zengine verilebilir. Bu arada hırsızlıklar, çalıp çırpmalar da meydana gelir.

İkinci yol: Her paketin, her kolinin, her balyanın üzerinde isim ve imza vardır, veya firmanın adı, adresi yazılıdır. Gelen mallar ne kadar çok olursa olsun, kaç ton olursa olsun karışmaz, kimseye mal edilmez, kimse de sahip çıkamaz.

Kim görse, "Bu malların tamamı o zengin adama aittir. Görmüyor musunuz, üzerinde adı ve unvanı var" der.

Tevhid de böyledir. Yani Allah'ın birliğini iki şekilde anlayabiliriz:

Biri, basitçe ve hemen herkesin kısaca ifade edeceği şekildedir:

"Allah vardır, birdir, eşi ve benzeri, şeriki ve ortağı yoktur. Bu kâinat Onundur."

Bu tevhid anlayışı taklide dayanır. Annemizden babamızdan duyduğumuz kadarıyla aklımızda kalan basit bir bilgidir. Böyle bir insan, Allah'ın bir oluşu üzerinde bilgisini geliştirmemiştir. Bu konuda gelen şüphe ve soruların karşısında cevap veremez.

İkincisi ise hakiki tevhiddir. Gerçek anlamda Allah'ın birliği üzerinde düşünmüş, taşınmış, incelemiş, araştırmış, hiçbir şüphe ve yanlışa düşmeden sağlam bilgilere ulaşmıştır.

Her şeyde bir birlik var, bir olan şey de Bir'den gelir. Dünyamızı aydınlatan güneş bir, öyle ise güneşi yaratan da birdir

Yeryüzünü sulayan yağmur bulutları birdir, öyle ise o bulutları imdadımıza gönderen de birdir.

Her sene ilkbaharda papatya aynı beyazlıkta ve aynı biçimde açıyor, öyle ise baharı getiren ve papatyayı yaratan da birdir.

Her insanın bir ağzı, iki gözü, iki kulağı var, öyle ise bütün insanları yaratan kudret de birdir.

Bütün insanların yüz şekli aynı olduğu halde, hiçbir insan diğerine tıpa tıp benzemiyor. Yüz şekli birazcık benzeyecek olsa, huyu, davranışları, zevkleri, duyguları benzemiyor. Demek ki, bütün insanları yaratan birdir.

Canlı cansız, küçük büyük, gelmiş gelecek, olmuş olacak hep birinin elinden çıkmış, birisi tarafından yaratılmıştır.

Ayrıca bir köyde iki muhtar, bir ilçede iki kaymakam, bir ilde iki vali, bir ülkede iki devlet başkanı olsa, o ülke karışır ve idare edilemez. Her biri ayrı bir şey söyler, her şey alt üst olur.

Öyle ise bu dünyanın ve evrenin yaratıcısı birdir. Bir olmasaydı hiçbir düzenden, nizamdan söz edemezdik.

(Yirmi ikinci Söz'den)

ALLAH HEM BİRDİR,
HEM HER YERDEDİR.
NASIL OLUR?

Cenab-ı Hak mekândan münezzehtir, fakat her yerde hazırdır. Sonsuz yüceliğe sahiptir, fakat her şeye yakındır. Birdir, fakat her işi bizzat elinde tutuyor. Bu nasıl olur?

Allah nasıl her yerde olur?

1. Allah neededir? Yerde midir, gökte midir, aşağıda mıdır, yukarıda mıdır?

Bunların hiçbiri denmez.

Niçin denmez?

Çünkü Allah için belli bir mekân belirtmek mümkün olmaz. Allah her yerdedir. Bilgisiyle, gücüyle, nuruyla, güzelliğiyle, yaratıcılığı ile, rızık vermesiyle...

Güneş örneğinde olduğu gibi. Güneş odamızın neresinde bulunur?

Belli bir yerde mi?

Hayır.

Her yerde.

Hangi özellikleriyle?

Işığıyla, ısısıyla ve odamızdaki renkleri ortaya çıkarmasıyla...

Çünkü güneş ve ışık olmazsa hiçbir rengi ayırt edemezdik.

Demek ki, güneş kendi kütlesiyle odamızın dışında, ama özellikleriyle içinde bulunuyor.

Yüce Allah da kendi zatıyla evrenin dışında, ama eserleriyle, icraatıyla, yaptığı işleriyle, isim ve sıfatlarının yansımasıyla her yerde, dünyanın ve evrenin her yerindedir.

Meselâ, bütün evreni Allah yarattığına göre, Allah için belli bir yer düşünülemez.

Masayı yapan marangoz masanın neresinde olabilir? Bakıyoruz, hiçbir yerinde göremiyoruz. Ne tahtaların arasında var, ne de masanın ayakları içinde...

O usta masanın dışındadır. Bu usta masa cinsinden değildir, ahşap ve demirden hiç değildir.

Hangi yönüyle masanın içindedir? Tabiî ki, ustalığıyla, bilgisiyle, gücüyle, aklıyla...

Marangozu masanın içinde aramadığımız gibi, Allah'da evrenin belli bir yerinde duruyor, orada bulunuyor diyemeyiz.

Allah, evrende neyi ile vardır?

Sıfatlarıyla vardır: Varlıkları yaratmasıyla, yaşatmasıyla, her şeye belli bir ölçü, bilgi ve düzen vermesiyle...

Ressamı resmin içinde mi ararsınız?

Tabiî ki hayır.

Öyle ise ressam resmin neresindedir?

Ressam resmin içinde ressamlığıyla vardır, renkleri yerli yerinde kullanmasıyla vardır. Becerisiyle, ustalığıyla, aklıyla, zekâsıyla, bilgisiyle ve görgüsüyle vardır. Açıkça söylemek gerekirse, ressam ressamlığıyla resmin her yerindedir, fakat bedeniyle resmin dışındadır.

İşte Yüce Allah da, isimleri, sıfatları ve özellikleriyle evrenin her yerindedir, fakat zatıyla evrenin dışındadır.

Çünkü yaratan, yarattığı şeyin türünden olamaz, insan yaptığı eser cinsinden olamadığı ve olamayacağı gibi...

Allah her şeye yakın, ama her şey ondan uzak...

2. Allah sonsuz yüceliktedir, fakat her şeye yakındır. Diğer bir deyimle, her şey Ondan sonsuz derecede uzaktır, fakat O her şeye, her şeyden daha yakındır.

Ne gibi meselâ?

Güneş bir gök cismi olarak bize 150 milyon kilometre kadar uzaklıktadır, fakat biz elimizdeki aynayı güneşe tutunca güneş avucumuzun içine girer.

Demek ki, biz güneşe mesafe olarak çok uzağız, fakat o ışığıyla, ısısıyla, gönderdiği renk huzmesiyle bize çok yakındır.

Bunun gibi, biz Allah'a çok uzağız, ama Allah bize rahmetiyle, nimetiyle, nuruyla, bereketiyle çok yakındır.

Bir başka misal. Rütbesiz bir er, bir generale rütbe bakımından çok uzaktır. Çünkü arada onbaşılıktan yüzbaşılığa ve albaylığa varıncaya kadar bir hayli rütbe vardır. Fakat bu er generale asker olmasıyla yakındır, çünkü onun komutanıdır. O yönüyle irtibat kurabilir.

Bu misalde olduğu gibi, biz de Allah'a sonsuz derecede uzağız, fakat O bize her şeyden yakındır. Biz kul olarak ve maddî yönümüzle ondan uzağız, fakat O bize kudretiyle, ilmiyle, bizi görmesi ve gözetmesiyle, yaşatıp büyütmesiyle yakındır. Kur'ân'ın ifadesiyle bize şahdamarımızdan daha yakındır.

Allah hem birdir, hem her yerdedir

3. Allah bir olduğu halde bir anda her yerde nasıl olabilir? Önce her şeyiyle maddî bir varlıktan örnek verelim. Meselâ, bütün duvarları aynayla kaplanmış bir odaya girsek kendimizi kaç tane görürüz?

Yüzlerce, binlerce değil mi? Bir Ali, binlerce Ali oluverir birden. Ama gerçek Ali bir tanedir.

Televizyondaki görüntü de öyle. Televizyon stüdyosunda, kamera karşısında olan insan bir tane iken, milyonlarca televizyonda görünür, bütün özelliklerini seyrederiz. Gerçek kişi birken, diğerleri görüntüdür sadece...

Bir de güneşi düşünelim: Güneşin, görünen bir cismi, maddî bir görüntüsü var. Ama ışığı olduğu için "Yarı nurlu bir varlık"tır.

Bizler elimizdeki aynayı güneşe tutsak, güneşi aynamızın içinde buluruz, onunla yakından görüşürüz.

Eğer güneşin aklı olsaydı, ışığını yansıttığı gibi bizimle konuşabilirdi de...

Güneşin bir tek aynada görünmesiyle binlerce aynada görünmesi arasında hiçbir fark yoktur. Güneş gerçekten birken, nasıl oldu da binlerce oldu?

Cismiyle değil, yansıması ve görüntüsüyle, kendisini her varlığın üzerinde hissettirmesiyle...

Allah'ın yarattığı bir varlık olan güneş, bir tane iken nasıl bir anda görüntüsü ve özellikleriyle binlerce yerde olabilirse, Yüce Allah da bir olduğu halde bütün varlıkların yanındadır. Bir çeşit özelliği olan isim ve sıfatlarının yansımasıyla her yerdedir.

Meselâ, Allah'ın bir ismi Rezzak'tır, rızık vericidir. Rızık verici olarak birdir, ama rızıktan istifade eden insanlar, hayvanlar ve bitkiler sayısınca Rezzak isminin yansıması vardır.

Allah'ın Rezzak ismi bir tanedir, ama rızka muhtaç varlıklar sayısınca Allah mânen orada bulunuyor.

Neyi ile?

Rızık vermesiyle, onların ihtiyaçlarını karşılamasıyla, onları beslemesiyle...

Melekleri düşünelim: Melekler nurdan yaratılmıştır. Ruh sahibi, nurlu, akıllı, bilinçli varlıklardır. Onların yaratılış maddesi olan nuru göremeyiz. Ruhumuzu, hayatımızı, aklımızı göremediğimiz gibi...

Meleklerin en büyüğü olan Cebrail, peygamberlere Allah'ın emirlerini getirmekle görevlidir.

Meselâ Cebrail'in kendisi bir tane olduğu halde, aynı anda hem Allah'ın huzurunda, hem Peygamberimizin huzurunda, hem Cennette, hem o sırada binlerce yerde bulunarak Allah'ın emirlerini ulaştırır. Gördüğü bir iş diğer işe engel olmaz.

Cebrail, varlığı bakımından bir tane iken, bir anda binlerce yerde bulunabiliyor, binlerce işi görebiliyor.

Cenab-ı Hak da Nurların Nuru. Bütün varlıkları O yaratmış.

Görebildiğimizi, göremediğimizi, görüneni, görünmeyeni...

İnsan gibi maddî bir varlığı, güneş gibi yarı nurlu bir varlığı, melek gibi bütünüyle nurlu bir varlığı...

Allah'ın yarattığı bu varlıklar bir oldukları halde, değişik yönleriyle bir anda birçok yerde bulunurlar.

Bu mümkün de, Cenab-ı Hakkın, zatı, varlığı bir olduğu halde, bir anda binlerce yerde olamaz mı? Bu durum akla aykırı gelir mi?

Allah birdir, ama bütün mü'minlerin kalbinde sevgisi vardır. "Ben yere göğe sığmam, ama mü'min kulumun kalbine sığarım" diyor Rabbimiz.

Allah birdir, ama milyarlarca yıldız Onun nurunu yansıtıyor, yıldızlar sayısınca Nur isminin tecellisi vardır.

Allah birdir, ama milyarlarca renk renk çiçekler Onun güzelliğini yansıtıyor, çiçekler sayısınca Cemîl isminin tecellisi vardır.

Allah birdir, ama bütün varlıklarda Onun yaratıcılığını görüyoruz, varlıklar sayısınca Hâlık isminin tecellisi vardır.

Özetle, O birdir, isimlerinin tecellisi sayısınca her yerdedir.

(Onaltıncı Söz'den)

BİR ŞEYDEN HER ŞEYİ
KİM YAPABİLİR?

"Bir şeyden her şey yapan, ancak her şeyden bir tek şey yapandır.
Çünkü her şey birbiriyle ilgilidir."

Bu ne demek, nasıl olur?

Böyle bir işi insan yapabilir mi? Yapabilir, ancak sınırlıdır. Bazı şeylerden bir şey yapar, ama her şeyden bir tek şey yapamaz. İnsanın böyle bir işe ve üretime ne gücü yeter, ne de imkânı...

Meselâ petrolden yüzlerce tür madde yapılabiliyor. Bugün kullandığımız pek çok eşyanın ham maddesi petroldür. Ama insanlar dünyadaki bütün maddeleri bir araya getirseler bir litre petrol elde edemezler.

Bakınız, Yüce Allah nasıl yapıyor?

Bir şeyden her şey yapıyor. İnsanı bir damla sudan yaratıyor. Anneden gelen yumurta hücresiyle, babadan gelen sperm hücresi gibi bir damlacık sudan Cenab-ı Hak koca insanı yaratıyor.

İnsanın eti, kemiği, saçı, başı, tırnakları, kanı, derisi, bütün bedeni tek bir şeyden yaratılıyor. Bütün organlarının başlangıcı basit bir sıvı.

Sadece insanı mı? Bütün hayvanlar da öyle. Onların da yaratılışında ilk madde mini minnacık bir parça su.

Kedinin de, aslanın da, kaplanın da, koyunun da, keçinin de; bütün memeli hayvanların yaratılışı basit bir maddeden ibarettir.

Hayvanların bir kısmı da yumurtadan yaratılıyor. İrili ufaklı, küçüklü büyüklü binlerce çeşit yumurtadan binlerce tür hayvan yaratılıyor. Bu hayvanların da ana maddesi yumurtadır ve kimyasal bileşimi de aynıdır.

Bir tek yumurta türünden binler çeşit hayvanı sadece ve sadece Allah yaratabilir.

Bitkiler de öyle, onların da asıl maddeleri tohum. Bütün tohumların kimyasal bileşimi aynı, sadece dizilişleri ve şekilleri farklı...

Ya çekirdekler. Yüz binlerce tür ağacın ham maddesi olan çekirdekler de öyle...

Meselâ bir tek şeftali çekirdeği.

Bakınız, o bir çekirdekten Allah neler yapıyor?

Ağacın kökü, bedeni, dalları, yaprakları, çiçekleri ve meyvesi; hepsi, evet hepsi o çekirdekten yaratılıyor.

Şeftaliyi toprak yapabilir mi?

Hayır, aklı yok, bilgisi yok, içinde âlet yok, fabrika yok, bilgisayar yok.

Yok da yok...

Bu kadar âciz ve bezgin bir toprak şeftaliyi nasıl yapabilir?

Demek ki, o bir gücün emri altında hareket ediyor.

Bu örnekler çoğaltılabilir, sayıya gelmez misallerle...

Evet, bir şeyden her şeyi, her zaman yapan birisi vardır ve her an, her saat, her sene tekrarlıyor, durmadan durulmadan...

Her şeyden bir tek şey yapan kimdir?

Bir de her şeyden bir tek şey yapma olayı vardır.

Nasıl mı?

Sofraya oturuyoruz. Neler yemiyoruz ki? Bitkisel, hayvansal pek çok gıda alıyoruz. Et, balık, tavuk, yumurta, süt, yoğurt hayvansal ürünler; domates, patlıcan, biber, kabak gibi bitkisel ürünler; elma, portakal, muz, nar, armut gibi meyveler...

Hepsini yiyoruz, mideye gönderiyoruz. Bütün bunlardan bir tek şey yapılıyor: Bedenimiz.

Her şeyden tek bir şey yapılması sadece insan bedeni ile sınırlı değildir.

Bir parça toprağın içine yüzlerce çeşit çiçek tohumu atın, toprak o tohumları birbirine karıştırmadan hangi çiçeğin tohumu ise o çiçeğin özelliklerini ortaya çıkarır.

Balarısı da öyle değil mi? Yüzlerce çiçekten çiçek özleri toplar, peteğe taşır ve ondan tek bir şey yapar: Bildiğimiz balı.

Akıldan, bilgiden, eğitimden mahrum olan bu sinekçik, bal yapmasını nasıl biliyor?

Demek ki, birisi vadır, ona her şeyden bir tek şey yaptırıyor. Yap! emrini alır almaz, hemen işe başlıyor ve insanların bile yapmaktan aciz kaldıkları balı üretiyor, bize takdim ediyor.

Baştaki cümleyi tekrar edelim:

Bir şeyden her şey yapan, ancak her şeyden bir tek şey yapandır

(Yirmi ikinci Söz'den)

KENDİNİ VE YAZARINI
ANLATAN HARF

"Bir kitabın herbir harfi, kendini bir harf kadar gösterir,
kendini yazanı ise on kelime ile anlatır ve bütün yönleriyle gösterir."

"A" harfi. Kendini ne kadar tarif eder, ne kadar anlatır?
Kendisi kadar.

Nasıl?

"A" dersiniz, biter. Daha ötesi yoktur.

"A" harfi, "A"dır ve başka bir şey değildir. Başka bir açıklaması da yoktur.

Ama o "A" harfini yazanı tarif edecek, anlatacak olsak, özelliklerini sayacak olsak, bazen on kelime, bazen yüz kelime, bazen de bin kelimeyle anlatsak bitiremeyiz.

Önce kaleminden başlarız. Kalemi dolma kalemmiş, mürekkebi siyahmış, ince uçluymuş, kaliteliymiş gibi özellikleri sayar dökeriz.

"A" harfini yazan insanı anlatmaya kalksak, bakın neler söyleriz neler?

Öncelikle bu insanın eli var tutuyor, gözleri var görüyor, kulakları var işitiyor, okuma yazması var biliyor, aklı başı yerinde, eğitim görmüş, bilgili kültürlü birisi. Daha bunlar gibi birçok özelliklerini ve vasıflarını sayarız.

Bu örnekte olduğu gibi, bir elmayı düşünelim. Elma deyince onu anlatmış oluyoruz. "Ne çeşit elma?" diye soracak olsalar, "Amasya elması" deriz, yine anlatmış oluruz.

Ama o elmayı yaratanı ve bize göndereni anlatmaya, tanıtmaya kalkacak olsak neler deriz? Kitaplar dolusu anlatsak yine bitiremeyiz.

İsterseniz birkaç cümle söylemeye çalışalım:

Elmayı yaratan ağaç değil, çünkü ağacın böyle bir gücü yoktur.

Toprak da değil, çünkü toprakta elmayı yapabilecek bir özellik yoktur.

Elmayı yapan bir insan değil, çünkü insan elma yapamaz.

Demek ki, elmayı yaratan zat, ağaç, toprak ve insan cinsinden birisi değildir.

O, ağacı da, toprağı da, insanı da yaratan ve yarattıkları türünden olmayan bir güçtür. O da her şeyi yoktan var eden Yüce Allah'tır.

Elmayı yaratan Bir'dir. Çünkü elmanın olduğu dünya da bir, elmayı pişiren güneş de birdir. Yeryüzündeki bütün elmalar aynı elden çıkıyor, aynı kudret tezgâhında üretiliyor.

Elmayı yaratanın gücü kudreti sonsuzdur. O el-Kadîr'dir. Çünkü bir elmayı yaratan güç dünyayı, güneşi, galaksileri ve kâinatı yaratan güçtür. Çünkü elmanın olabilmesi için bütün bu âlemin olması lâzım. Hepsi birbiriyle ilgili ve bağlıdır.

Elmayı yaratanın sonsuz bir ilmi vardır. Onun bir ismi de el-Alîm'dir. Çünkü elmayı yaratan kudret, hem elmanın bütün özelliklerini biliyor, hem de elma ağacının diğer ağaçlardan farkını biliyor.

Ayrıca O elmayı yiyen insanı ve insanın bütün özelliklerini biliyor. Özetle, var olan her şeyi, bizim bildiğimiz, bilmediğimiz, bilemediğimiz her şeyi biliyor.

Elmayı yaratan görüyor. Onun bir ismi de el-Basîr'dir. Elmayı, bütün dünyayı, bütün kâinatı, bütün insanları ve âlemleri görüyor. Çünkü kâinatta her şey her şeyle ilgilidir.

Elmayı yaratan güzeldir. Onun bir ismi de el-Cemîl'dir. Elmadaki güzelliğin, ağaçtaki güzelliğin, dünyadaki güzelliğin, insandaki güzelliğin ve kâinattaki bütün güzelliğin kaynağı O'dur. Elmanın güzel olması için bütün bu güzelliklerin olması lâzım.

Daha bunlar gibi Allah'ın nice isim ve sıfatlarını anlayabiliriz.

Allah'ın isimleri ve kelâmları saymakla, yazmakla bitmez. Kur'ân-ı Kerim diyor ki:

"Rabbimin sözlerini bütün denizler mürekkep olsa, hatta bir o kadarını daha getirip ilâve etsek, Rabbimin sözleri tükenmeden o denizler tükenirdi."

(Yirmi ikinci Söz'den)

ÖLDÜKTEN SONRA NASIL DİRİLECEĞİZ?

"Haşirde ruhların bedene gelmesi var,
hem bedenlerin diriltilmesi var, hem bedenlerin inşa edilmesi var."

Bu cümle şu anlama gelir:

"İnsan öldükten sonra yeniden diriltilecek."

Bu olay üç şekilde olacak.

Birincisi, Ruhumuzun bedenimize gelmesi.

İkincisi, bedenimizin tekrar diriltilmesi.

Üçüncüsü, bedenimizin yeni baştan yaratılması.

"Haşir" kelimesi de, insanların öldükten sonra yeniden diriltilmesi ve bir araya toplanması demektir.

Ruhumuzun bedenimize gelmesi

Askerleri bilirsiniz. Ülkenin her tarafından gençler toplanır, askere alınır. Onlara askeri eğitim yaptırılır. Bir komutanın emri altında hareket ederler.

Komutan onları toplar, eğitim yaptırır. Sonra da bir düdük çalar, istirahat verir. Askerler bir tarafa çekilerek 10 dakikalık istirahat ederler. Komutan bir düdük daha çalar, bütün askerler önceki gibi görevlerinin başına geçerler.

Şimdi, yeniden asker toplayıp eğitime almak mı zor, yoksa eğitimden sonra istirahata çekilmiş olan askerleri bir düdük sesiyle aynı yerde toplamak mı zordur?

Tabiî ki, ikincisi daha kolay ve basittir.

İşte öldükten sonra bizim diriltilmemiz de böyle. Yüce Allah bizi yoktan var etti. Bedenimiz yüz trilyona yakın hücreden oluşuyor. Her hücremizi bir askere benzetirsek, bu kadar çok sayıda hücre askerini Rabbimiz sıfırdan yaratıyor, bedenimizi meydana getiriyor.

Sayılı günlerimiz bitip de öldükten sonra bütün hücrelerimiz dağılıyor, her biri bir tarafa gidiyor. Allah bizi tekrar dirilteceği zaman, bu konuda görevli olan İsrafil isimli meleğe emir veriyor. Melek, Sûr adıyla bilinen boruyu çalıyor. Arkasından, dağılan hücrelerimiz hemen toplanıyor, biraraya geliyorlar. Bedenimiz böylece yeniden yaratılıyor. Komutanın dü-

düğüyle istirahata çekilen askerlerin toplanmasından binlerce defa daha kolay bir biçimde...

Hemen arkasından ruhumuz da bedenimize dönüyor. Sonsuza kadar yaşayacak bir vücuda sahip oluyoruz. Artık ondan sonra ölüm yoktur.

Bedenlerin yeniden diriltilmesi

Büyük bir şehrin yüz binlerce elektrik lâmbası vardır. Şehrin her tarafına bir tek santralden elektrik verildiğine göre, bir düğmeye basmakla şehirdeki bütün lâmbalar yanar. Bir anda bütün şehir aydınlanır. Üstelik bu iş hiç de zor değildir.

Bütün dünyadaki elektrik lâmbalarının bir merkezden bir düğmeye basmakla yandıklarını düşünelim. Düğmeye dokunur dokunmaz bir anda dünya gündüze döner.

Elektrik enerjisi Rabbimizin yarattığı bir nimettir. İnsanlar, Allah'ın ikram ettiği elektriği kullanarak bu kadar büyük işleri kolayca yapıyorlar.

Bu örnekte olduğu gibi, bedenimizi Cenab-ı Hak bir anda, bir emirle yaratabilir, ruhumuzu da bedenimize aynı anda gönderebilir. Sadece bizim bedenimiz değil, bütün insanlar bir anda aldıkları emirle diriltilebilir.

Âyette belirtildiği gibi, "Kıyametin gerçekleşmesi göz açıp kapayıncaya kadardır." (Nahl Sûresi, 77)

Öldükten sonra dirilmenin dünyadaki örnekleri sadece bunlar değil elbet...

Bahar gelince birkaç hafta içinde milyarlarca ağaç yeniden dirilir, yeşillenir, çiçek açar, meyveye durur.

Toprak altında saklı ve gömülü olan tohumlar, çekirdekler canlanır, filiz verir. Geçen seneki baharda gördüklerimiz âdeta tekrar gelir. Milyonlarca senedir dünyada bu bahar haşri yenilenir durur.

Sadece ağaçlar ve çiçekler mi? Kış mevsimi girer girmez ortadan kaybolan binlerce tür böcek, sinek, kurt, kuş, kelebek, arı bahar gelince tekrar diriltilirler, canlanırlar...

Haşrin, yani öldükten sonra dirilmenin binlerce örneğini gösterirler.

Hayatı itibariyle insandan çok basit ve geride olan bu kadar bitki, ağaç; böcek ve sinekleri kışın öldürüp, ilkbaharda tekrar dirilten Yüce Kudret, insan gibi mükemmel bir varlığı öldükten sonra tekrar diriltemez mi?

Yahut diriltmek Ona ağır mı gelir?

Dünya şartları içinde bu diriltme olayı birkaç haftada olurken, âhiret şartlarında bir anda olur. Çünkü orada her şey bir anda olur.

(Onuncu Söz'den)

ÖLÜLER
NASIL DİRİLECEK?

"Şimdi bak Allah'ın rahmet eserlerine:
Yeryüzünü ölümünün ardından nasıl diriltiyor? Bunu yapan,
elbette ölüleri de öyle diriltecektir..." Rûm Suresi, 50

"Çürümüş kemikleri kim diriltecek? dedi. Sen de ki: Onu ilk önce
kim yaratmışsa tekrar o diriltecektir... Yasin Sûresi, 78-79."

"Ölmüş, kurumuş yeryüzünü canlandıran ve o canlandırmada insanın
diriltilmesi gibi güzel olan üç yüz binden fazla çeşitli varlıkları yeniden
yaratan ve yeryüzüne yayan kudret, insanı da öyle yeniden yaratır."

Sonbaharla birlikte yapraklar sararır, bitkiler kurur, si-
nekler, böcekler, arılar, kelebekler azalır, kuşlar kaybolur, dün-
yanın yüzü yeşilden sarıya döner.

Kışın hava soğuyup kar yağmaya başlayınca da, ağaçlar
oduna döner, bitkiler silinir. Ne böcek kalır yürüyen, ne de si-
nek kalır uçan. Ne kelebek kalır süzülen, ne de arı kalır ko-
nan. Ne kuş vardır ortada, ne baharla gelen canlılar...

Nereye gidiyor bunlar? Ölüyorlar değil mi? Ağaç ve bitki-
lerden bazı izler kalsa bile, o mini minnacık canlılardan en kü-
çük bir eser kalmaz.

Nereye gidiyorlar dersiniz?

"Nereden gelmişlerse oraya gidiyorlar," demekten başka bir söz bulamayız.

Baharın kışa dönmesiyle üzülür gibi oluruz, ama "Nasıl olsa baharla birlikte yeniden gelecekler" deriz, rahatlarız.

Baharın tekrar geleceği hakkında aklımızdan en ufak bir şüphe geçmez? Çünkü her sene kıştan sonra mutlaka bahar gelir.

Sonbaharın gelmesiyle ağaçlar istirahata çekilir, bütün özelliklerini çekirdeklerine bırakırlar. Bitkiler, çiçekler ve sebzeler de tohumlarına devrederler...

O çekirdek ve tohumlar toprağa düşer düşmez baharı beklerler yeniden diriltilmek için...

Bir önceki sene papatya ve menekşe nasılsa, o seneki de aynıdır, yaprağıyla, çiçeğiyle, kokusuyla, biçimiyle...

Kavun karpuzda da bir farklılık yoktur. Çekirdek ne ise topraktan çıkan filiz odur. Üstelik toprak hiçbirini diğerine karıştırmaz. Verilen emri eksiksiz yerine getirir şaşırmadan...

Ya sinekler, böcekler, arılar, kelebekler, kuşlar! Onlar da her sene yeni baştan yaratılır sürekli...

Kim yapıyor bütün bunları? Kim ilk önce yaratmışsa O...

İnsanlar da öyle. Toprağa düşer düşmez, mezara girer girmez bekler haşir sabahını, tohumun bahar sabahını bekleyişi gibi...

Beden toprakta çürüse de, ruh, yeniden yaratılacak olan bir bedenin gelişini bekler heyecanla...

Yüce Yaratıcı, bitki ve sinek gibi basit bir canlıyı her sene yeniden yaratır da, insan gibi mükemmel bir varlığı toprakta çürümeye bırakır mı?

Bitkiye baharda yeni bir hayat verir de, insana sonsuz âlemde yep yeni bir hayat vermez mi? Veremez mi? Gücü yetmez mi? Kudretine ağır mı gelir?

Evet, inanıyoruz, verir, gücü yeter ve kudretine ağır gelmez.

Baştaki ayet bu gerçeği bildiriyor bize...

(Onuncu Söz'den)

CENNETTE
ÇAĞIRINCA GELEN AĞAÇLAR

"Şu dünyadaki cansız ve bilinçsiz maddeler orada canlı ve bilinçlidir. Buradaki insanlar gibi orada da ağaçlar, buradaki hayvanlar gibi oradaki taşlar emri anlar ve yapar. Sen bir ağaca desen, "Filan meyveyi bana getir!"; getirir. Filan taşa desen, "Gel!"; gelir."

Cennet deyince aklımıza hemen ne geliyor?

İnsanın aklına gelen, gelmeyen her şeyin bulunduğu bir yer geliyor.

Peygamberimiz buyurmuş ya!

"Cennet, hiçbir gözün görmediği, hiçbir kulağın işitmediği, hiçbir insanın aklına gelmeyen nimetlerle doludur."

Cennet hayatı her şeyiyle bu dünyadan farklı.

Bir defa ölüm yok. Sonsuz bir hayat.

Yıl, ay, gün, saat, dakika hiçbiri yok. Zaman dediğimiz o şey var ya, işte o yok. Zaman olmayınca gece gündüz olur mu, o da yok. Hep aydınlık ve nur.

Rahatsız etmeyen bir sıcaklık, üşütmeyen bir serinlik.

Tam size göre...

Cennette mevsim de yok, yaz, kış, bahar, yok bunlar... Ortam baharla yaz karışımı gibi bir şey, ama Cennete göre...

Cennette ne kadar yaşayacağız, bir milyon sene mi, bir milyar sene mi, yok böyle bir şey. Ebedî bir hayat, sonsuz bir ömür var yaşayacağımız.

İnsanın aklı almıyor, değil mi?

Çünkü Cennette her şey sınırsız.

Bu dünyada alıştığımız bazı şeyleri Cennette değişik göreceğiz. Şaşıracağız. Ağzımız açık kalacak. Cennet her şeyiyle sürpriz.

Düşünebiliyor musunuz, çok uzaklarda bir muz ağacı. Salkım saçak muzlar boy gösteriyor. Ağzınız sulanıyor. İçinizden gidip almak geçiyor. Buna gerek yok, "Ey muz! Gel buraya!" demeniz yeterli.

Güzelim muz ağacı, ta oradan dalını uzatır önünüze, istediğiniz kadar koparırsınız.

Başlarsınız yemeye.

Bir de ne göresiniz? Kopardığınız muzların yerine anında yenileri gelmemiş mi?

Aman ya Rabbi, ne muhteşem olay!

Kopardınız, koparabildiğiniz kadar, yediniz yiyebildiğiniz kadar.

"Geri yerine git!" dediniz, hemen gidiverdi olduğu yere.

Mevsim de olmayınca, her an her türlü meyve var ve hep hazır.

Aklınıza meyvenin adı gelmeye görsün, istediğiniz kadar sıra sıra önünüzdeler, yarışırcasına "Beni kopar, beni kopar" der gibi dizilmişler...

Baktınız ki, pırıl pırıl, renkli mi renkli bir kuş, süzüle süzüle uçuyor. Gözünüzü, gönlünüzü okşuyor, içini zi ferahlatıyor, neşenize neşe katıyor, keyfinize keyif veriyor.

Bir an için, "Eti, tadı nasıl acaba?" diye içinden geçirdiniz, anında kızartılmış olarak önünüzde hazır. Afiyetle yediniz, bitti.

Tekrar aynı hale gelmesini istediniz. Hemen kemikleri toplandı, birden kuş oldu ve "Pırrr!" diye uçuverdi gözünüzün önünde...

Ne tatlı bir manzara değil mi?

Kur'ân'ın anlattığına göre Cennette süt ırmağı, bal ırmağı, Cennet şarabı ırmağı, tatlı su ırmakları vardır.

Bu ırmaklar oturduğunuz sarayın altından akıyor. Orada ölümsüz bir hayat yaşıyorsunuz.

Bu ırmaklarla dost ve arkadaş olursunuz. Bir yere gidiyorsunuz, süt ırmağı ile bal ırmağının size arkadaşlık etmesini istiyorsunuz. El işaretiyle "Beni takip edin" dediniz. Irmak sizi takip etmeye başlar. Nereye gitseniz oraya gelir.

Irmakla birlikte seyahat, ne zevkli değil mi?

Cennette yediklerimiz nereye gidiyor?

Bol bol yediniz, içtiniz. İstediğiniz kadar...

Dünyada yediklerimiz, vücuda yararlı olanlar kana karışıyor, diğerleri dışarı atılıyor. Ama Cennette ihtiyaç giderme yeri yok.

Niye yok?

Çünkü tuvalete gitme ihtiyacı yok. Cennette ihtiyaç giderilmiyor.

Peygamber Efendimiz bir hadislerinde bu konuyu dile getirmişler.

Ya yediklerimiz ne oluyor? Nereye gidiyor? Nereye atılıyor? Vücuttan nasıl ayrılıyor?

Cennette yediklerimiz mideden geçtikten sonra çok hoş kokan bir ter halinde dışarı atılıyor.

Bunu nasıl anlayacağız? Dünyada örneği var mı?

Evet var: Ağaçlar.

Ağaçlar topraktan bütün gıdalarını alıyorlar, diplerine konan gübreyi bitiriyorlar. Bol bol su içiyorlar. Teneffüs ediyorlar, bizden farklı olarak karbondioksit soluyorlar, oksijen üretiyorlar.

Ama insan ve hayvan gibi dışarı bir şey atmıyorlar. Yani açıkçası, tuvalet ihtiyaçlarını gidermiyorlar.

Kocaman, dev ağaçların dibinde; altında bir atık bulamıyoruz, çünkü yok. Yüzlerce kilo meyve veren ağaçlar da geride bir şey bırakmıyorlar.

O kadar yiyip içtikleri halde çevreleri tertemiz, pırıl pırıl. Bir atık ve pislik yok.

En basit bir hayata sahip olan ağaçlar dünyada böyle olursa, en mükemmel varlık olan insanın Cennette vücuttan dışarı bir atık bırakmaması neden olmasın?

Cennette neler yok, neler?

Cennette her şey var da, daha neler yok, bunları biliyor musunuz?

Yine Peygamberimizin bildirdiğine göre Cennette insanlar (affedersiniz) tükürmeyecekler, sümkürmeyecekler, vücutlarından kan ve benzeri kötü sıvılar da çıkmayacak.

Neden mi?

Çünkü Cennette insanı rahatsız edecek bir olay yok...

Cennette bir şey daha yok, biliyor musunuz?

Ben söyleyeyim isterseniz: Uyku.

Cennette uyku da yok, ya!

Neden mi? Çünkü Cennette insan hiç yorulmayacak, dinlenme ihtiyacı duymayacak.

Üstelik Cennette gece ve karanlık da yok.

Cennette insanların yaşı kaç olacak, mutlaka merak etmişsinizdir.

Erginlik çağına ermeden ölen, yani genç kızlığa, delikanlılık çağına gelmeden küçük yaşta ölen çocuklar Cennette çocuk olarak kalacaklar ve anne-babalarının yanında yaşayacaklar, onlara hizmet edecekler.

Genç yaşta ve daha ileri yaşta ölenler ise kadın erkek ayrımı olmadan 32 yaşında olacaklar.

Yaşları ilerlemeyecek mi? Hayır. Hep o yaşta kalacaklar. Yani insanlar Cennette sonsuza kadar genç kalacak.

Hani derler ya, "Allah Cennet gençliği versin" diye.

Açıkçası Cennette yaşlanmak yok, ihtiyarlamak yok.

Cennette bir şey daha yok: Ölüm.

Orada insanlar ölmeyecekler, sonsuz yaşayacaklar.

Bir milyar sene mi, bir trilyon sene mi, hayır, hayır, böyle sene, yıl, ömür falan yok.

Yaşa, yaşayabildiğin kadar...

(Yirmisekizinci Söz'den)

MELEKLERİ
NE KADAR TANIYORUZ?

Melek deyince aklımıza ilk gelen kelimeler hangileri?
Sevimli, şirin, tatlı ve güzel varlıklar.

Hep iyiliğimizi düşünürler, iyi insan olmamızı isterler.

Güzel ve faydalı işler yapmamızı ilham ederler.

Bir başka ifade ile içimizdeki iyilik temsilcileridir melekler...

Demek ki, melekler var. Nasıl var? İyilik, güzellik, nur gibi
kavramlar varsa, melekler de var. Çünkü melekler güzel ve iyi
olan her şeyin temsilcileridir de ondan.

Yine meselâ, iyi birisinden söz ederken "Melek gibi insan"
deriz.

Birisinin suçsuz olduğunu söylerken de, "Onun suçu yok,
melek gibi bir adam" deyimini kullanırız.

***

İnsan var mı, var; hayvan var mı, o da var. Öyle ise melek
neden olmasın? İnsan ve hayvan, hatta bitkiler, daha ötesi yıl-
dızlar ve kâinat melek olmadan olmaz.

Bu dünyada akıllı varlık olarak insan var ve insanlar ancak gözlerinin görebildiğini yapıyor.

Bunun yanında göremediğimiz, görmemiz mümkün olmayan, görme alanımızın dışında olan, bize görünmeyen âlemler daha fazla, sayılamayacak kadar çok...

Orada da var olan, iş gören, çalışan varlıklar bulunması gerekir. İşte oradaki akıllı varlıkların adı meleklerdir ve ruhanî varlıklardır.

Yeryüzünün altında üstünde, karasında denizinde, içinde dışında, havasında suyunda gördüğümüz, var olduğunda şüphemiz olmayan canlılar var.

Yeryüzü gibi küçük bir gezegenin her tarafında canlı varlık olur da, milyarlarca gök cisimlerinde, yıldızlarda canlı bulunmaz mı? İşte bu canlıların bir kısmına melek diyoruz.

***

Melekler sadece göklerde ve yıldızlarda mı var? Hayır, her yerde var. Bizimle ilişkisi olan birçok melek var.

"Hafaza melekleri" denen melekler bizi birçok tehlikeden korumakla görevliler.

"Kirâmen Kâtibin melekleri" işlediğimiz sevap ve günahları yazarlar.

Ecelimiz geldiğinde ruhumuzu teslim alan emanetçi bir melek olan Hz. Azrail var.

Peygamberimize Rabbimizden Kur'ân âyetlerini getiren vahiy meleği olarak bildiğimiz Hz. Cebrâil var.

Yeryüzündeki doğal olayları düzenleyen büyük melek Hz. Mîkâil var.

***

Bu melekleri göremiyoruz, acaba neredeler? O kadar yakınımızda ve yanımızda oldukları halde niye görmüyoruz?

Göremeyiz, göremememiz lâzım.

Neden?

Gözümüz her şeyi görmez ve göremez de ondan. Çünkü yapısı öyle. O şekilde yaratılmış. Var olduğunu kabul ettiğimiz, varlığında en ufak bir şüphe dahi etmediğimiz o kadar değerlerimiz var ki, onları görmüyoruz, ama gözümüzle görmüş gibi var olduğuna inanıyoruz. Aklımız, ruhumuz, hayalimiz gibi nice duygularımız var, binlerce...

Bunları niye ve neden göremiyorsak, melekleri de onun için ve ondan göremiyoruz.

Sadece kafa gözü yok ki...

Akıl gözü var, kabul ederiz. Kalb gözü var, inanırız. Muhabbet gözü var, severiz. Beyin gözü var, düşünürüz.

İnsanda daha ne gözler var, ne gözler...

Meleklerin varlığına inanırız. İnsan zaten görmediğine inanır. Gördüğümüze "İnandık" der miyiz? İnanmak, iman etmek kavramı görmemekle alâkalı bir meseledir.

Sahi, gözlerimiz mikropları görebiliyor mu, çok kısık sesleri işitebiliyor mu? Hayır, göremiyor ve işitemiyor. En uzak şeyleri de göremiyoruz, seslerini işitemiyoruz.

Niye?

Çünkü gözümüz ve kulağımız o şekilde yaratılmış da ondan. O varlıkları görmüyoruz, o sesleri işitmiyoruz diye o varlıklar ve o sesler yok mu?

Tabiî ki var.

İşte melekler de var, görüp görmememizle alâkalı değil onların var oluşları. Sadece inanmakla alâkalıdır.

***

Melekler sadece göklerde, yıldızlarda ve insanda mı var? Başka yerde yok mu? Var, hem o kadar değişik yerlerde var ki, hayret edersiniz.

Her çiçekte, her yaprakta, her böcekte, arıda, sinekte, karıncada, en küçüğünden en büyüğüne varıncaya kadar her tür varlıkta görevli birer melek vardır. Bulutlarda, rüzgârda, şimşekte, denizde, dağda bulunan melekler oralarda görev yaparlar.

Öyle ki, bir yağmur damlasını, bir kar tanesini bile yeryüzüne bir melek indirir. Binlerce metre yukarıdan gelen o damlacıklar ve tanecikler nasıl oluyor da, o kadar şiddetli rüzgâr olduğu halde birbirlerine çarpmıyor, kütle halinde yere düşmüyorlar. Bir tesadüf mü, rast gele bir olay mı?

Yoksa Allah'ın izniyle meleklerin eliyle mi iniyorlar?

İnanıyoruz ki, ikincisi...

Yüce Allah kâinat fabrikasını melekleriyle çalıştırıyor, işletiyor, üretim yaptırıyor.

***

Meleklere inanmak bize büyük bir sevinç, huzur ve rahatlık verir. Bütün sevaplarımızı onlar yazıyor, kaydediyorlar, onlar muhafaza ediyor. Bir çeşit kameraman gibi devamlı çekim yapıyorlar. Yaptığımız ibadetler, ettiğimiz hizmetler boşa gitmiyor.

Bize iyilikleri, güzel şeyleri onlar ilham ediyor, hatırlatıyor, aklımıza getiriyor, hayırlı ve sevaplı işleri tatlı ve şirin gösteriyorlar. Sürekli bizim iyiliğimizi düşünüyorlar.

Bizi koruyup gözetiyorlar, tehlikelerden, felaketlerden, âfetlerden uzak tutmaya çalışıyorlar.

Hani bir çocuk yüksek bir yerden düşer de, bir şey olmaz, sağlam olarak kurtulur ya, "Melekler tuttu, korudu" deriz. İşte bu söz, o gerçeğin dile getirilmesidir.

***

Allah melekleri nurdan yaratmıştır. Nur, bizim göremediğimiz, görmemiz mümkün olmayan ışık, aydınlık, güzelliktir. Meleklerde erkeklik, dişilik yoktur. Onlarda insan gibi nefis yoktur. Yiyip içmezler, evlenip çoğalmazlar, kızıp öfkelenmezler.

Melekler hava gibidirler, her yere girebilirler, ışın gibidirler, hiçbir şey onlara engel olmaz. Hayal hızı gibidirler, en uzak mesafelere bir anda gidip gelebilirler.

Melekler sürekli Allah'ı zikrederler, tesbih ederler. Bu zikir ve tesbihler aynı zamanda onların gıdası ve besinidir. Nurdan yaratıldıkları için nurlu şeylerden feyiz alırlar.

(Yirmidokuzuncu Söz'den)

PEYGAMBERİMİZ NE GETİRDİ?

"O Nur olmazsa kâinat da, insan da, hatta her şey hiçe iner."

Bu cümleler Peygamber Efendimizi anlatıyor. Yüce Allah bu kâinatı, bu dünyayı, insanı ve bütün varlıkları onun yüzü suyu hürmetine yarattı.

Bu ne demek? Nasıl olur?

Kâinatı bir okul. İnsanlar bu okulun öğrencileri. Kur'ân-ı Kerim de bu okulun kitabı.

Şimdi okul var, öğrenci var, kitap da var, ama öğretmen yok. Böyle bir okula okul denir mi? Böyle bir okulda ders yapılır mı?

Böyle bir okulun öğrencileri ne yapar, nasıl bir eğitim görür? Netice nereye varır?

Öğrenciler, başıboş kalır, gayesiz, hedefsiz yetişirler, haylaz olurlar, değil mi?

Devlet, okulu niçin yapar? Çocukların eğitimi için.

Eğitimi kim verir? Öğretmen.

Öyle de Cenab-ı Hak kâinatı niçin yaratmış?

İnsan için?

İnsanın görevi nedir, dünyaya niçin gönderilmiştir?

Bu bilgileri ona kim verecektir?

Peygamberler.

Kâinat okulunun öğretmeni de Peygamberimizdir.

Peygamber, Allah'ın kendisine bildirdiği her şeyi insanlara öğreten ve onları Yaratıcının istediği bir kul olarak eğitmeye ve yetiştirmeye çalışan insandır.

Peygamberimiz kendisine verilen görevi hakkıyla yaptı.

Nasıl mı?

O zamanın Mekke halkı Araplar, cahil, vahşi, kaba saba, inatçı, bağnaz, ahlâksız, vicdansız ve inançsız insanlardı. Her türlü kötülük onlarda vardı.

Kendi batıl inançlarına öyle körü körüne bağlıydılar ki, hiçbir güç onları vazgeçiremezdi.

Peygamberimiz böylesi insanlara Allah'ı tanıttı. Onları iman etmeye çağırdı, âhirette sonsuz yaşama müjdesini verdi. Cansız, ruhsuz, taştan, ağaçtan yapılan putlara tapmaktan vazgeçirdi. Allah'a kul olmaya davet etti.

Peygamber okuluna birer birer kaydolan bu insanlar huzura, mutluluğa, insanlığa ve ahlâka yöneldiler.

Peygamberimizin eğitiminde yetişen bu insanlar fazla bir zaman geçmeden mükemmel birer insan oldular.

Kız çocuklarını evlâttan saymayan, kız babası olarak tanınmak istemeyen, onları diri diri toprağa gömen bu insanları Peygamberimiz öyle bir şefkat ve merhamet duygularıyla yetiştirdi ki, karıncaya bile basamayacak hale getirdi.

Onlara öyle bir müjde, öyle sevindirici haberler verdi ki, birden bire âlemleri değişti:

"Müjdeler olsun size! Dirilmemek üzere ölmeyeceksiniz. Tekrar dirileceksiniz. Sonsuz bir hayat sizi bekliyor. Cennete gideceksiniz. Ettiğiniz iman, yaptığınız ibadet boşa gitmeyecek, ebedî bir saadet sizi bekliyor. Başıboş değilsiniz, bir göreviniz var."

İşte bu insanlara sahabe, Peygamberimizin dava arkadaşları adı verildi.

Peygamberimiz çok büyük değişiklikler yaptı.

En büyük bir devlet, en güçlü bir hükümet kendi ülkesinde sigara gibi basit bir alışkanlığı bütünüyle kaldıramıyor.

Ama Peygamber Efendimiz ne yaptı?

Az bir kuvvetle, çok az bir zamanda bu inatçı, tutucu, âdetlerine körü körüne bağlı bu insanlardan birçok alışkanlığı çok kısa süre içinde kaldırdı.

Araplar içkici, faizci, tefeci, kumarbaz bir milletti. Hayvanları hedef tahtası yaparlar, kadınları insandan saymazlar, insanları köleleştirirler, sonra da her türlü işkenceyi yaparlardı.

Helvadan put yaparlar, karşısına geçer taparlar, acıkınca da oturup yerlerdi.

İşte Peygamberimiz böyle bir toplumu ıslâh etti, yola getirdi, bütün kötü alışkanlıklardan vazgeçirdi.

Böyle azgın, âsi, zalim ve ahlâksız toplumdan imanlı, ahlâklı, merhametli, vicdanlı, temiz ve kahraman insanlar çıkardı.

Peygamberimizin sadece Veda haccında ona inanmış ve sahabe olmuş 120 bin Müslüman vardı.

Kısa zamanda dünyanın yarısı, insanların beşte biri Onun getirdiği güzelliklere sahip çıktı, İslâm dinine girdi.

Şimdi ise bir buçuk milyar insan onun yolundan gidiyor.

İşte Peygamberimiz olmasaydı, dünya yaşanmaz hale gelirdi, hiçbir şeyin anlamı kalmaz, Cehenneme dönerdi.

Onun gelmesiyle dünya Cennete döndü, insanların yüzü gözü güldü.

Ne mutlu bize ki böyle bir rehberimiz, böyle bir önderimiz, böyle bir Peygamberimiz var. O bizi çok seviyor ve bize çok düşkündür.

Bizi annemizden ve babamızdan daha çok seviyor. Biz de onu sevince Cennette onunla beraber olacağız inşâallah...

(Ondokuzuncu Söz'den)

KUR'AN, BUGÜNKÜ TEKNOLOJİDEN NASIL SÖZ EDİYOR?

Kur'ân'da her peygamberin bir mucizesi vardır.

İbrahim Aleyhisselam ateşte yanmadı.

Süleyman Aleyhisselam rüzgâra binerek göklerde uçtu.

Davud Aleyhisselam eline aldığı demire her türlü şekli verdi.

İsa Aleyhisselam Allah'ın izniyle ölüleri diriltti, anadan doğma körlerin gözünü açtı.

Mucize, peygamberlerin gösterdikleri olağanüstü haldir.

Mucize, peygamberlerin ayrıcalıklı yönüdür. Allah'ın elçisi ve görevlisi olduklarının Allah tarafından onaylanmasıdır.

Peygamberler hem din işlerinde, hem de dünya işlerinde insanların önderidir.

Mucizeler ise bilgi ve teknolojideki ilerlemenin bir başlangıcıdır.

Uçan peygamber

Uzay teknolojisinin babası Süleyman Aleyhisselamdır. Onun mucizesini şu âyetten öğreniyoruz:

"Rüzgârı da Süleyman'a boyun eğdirdik ki, sabahtan bir aylık, öğleden sonra da bir aylık yol giderdi." (Sebe Sûresi, 12.)

Allah rüzgârı Süleyman Aleyhisselamın emrine verdi. Hz. Süleyman rüzgâra biner, bir günlük yolu bir saatte alırdı.

Demek ki, insan havada uçabilirdi. Hz. Süleyman bir araca binmeden rüzgâra binerek istediği yere gidiyordu. Kur'ân bize şu çağrıda bulunuyor:

"Ey insan! Tembelliği bırak, çalış, havada uçabilecek bir araç icat et, kısa zamanda uzun mesafelere git."

Yüzyıllar sonra insanlık bu çağrıya kulak verdi, havada uçan araçlar icat etti.

Bugün uçak, helikopter, füze, jetler, gelişen uzay teknolojisi bu mucizenin ışığında gerçekleşmiştir.

Bundan sonra insanlık daha neler bulacak, neler yapacak, neler?

Sondajcı peygamber

Allah, Musa Aleyhisselama bir mucize olarak asâ vermişti. Bu bildiğimiz bir baston, bir değnek idi. Ama Musa Aleyhisselâm eline alınca olağanüstü işler görüyordu bu asâ-yı Mûsa.

Musa Aleyhisselâma inananlar bir seferinde çölde susuz kalmışlardı. Peygamberlerinden su istediler. Hz. Musa elindeki asâyı büyük bir kayaya vurdu. Bir anda kayanın on iki yerinden fıskiye gibi sular fışkırmaya başladı. On iki kabile kendilerine ayrılan pınardan kana kana su içmeye başladılar.

Bu mucize ışığında Yüce Allah biz insanlara şu çağrıda bulunuyor:

"Ey insanlar! Bana güvenen bir kulumun eline bir asâ verdim, istediği yerden su çıkarıyor. Sen de benim rahmet kanunlarıma dayanırsan ona benzer bir aleti elde edebilirsin, haydi elde et!"

Yüz yıllar sonra Musa Aleyhisselamın bu mucizesinden ilham alan insanlık yer altı kaynaklarından sondajla su çıkardı, artezyen kuyuları açtı.

Günümüz dünyasında da yer altı katmanlarından sondajla petrol ve doğalgaz çıkarıldı.

Demek ki, bugünkü jeoloji teknolojisinin babası bir peygamberdir. Tabiî ki şimdiki teknik anlamda sondaj değil.

Kur'ân-ı Kerim bu olayı bize şöyle anlatıyor:

"Musa'ya, 'Vur asânı taşa!' buyurduk. Asâsını vurduğu yerden on iki pınar fışkırıverdi." (Bakara Sûresi, 60)

Ölüleri dirilten peygamber

Günümüzde tıp ilmi, doktorluk çok ileri bir seviyeye ulaştı. Binlerce insanın ölümüne sebep olan verem ve tifo gibi hastalıkların aşısı bulundu. Kalb ve beyin ameliyatları sıklıkla yapılıyor. Böbrek, kalb, ve karaciğer nakilleri yapılıyor. Bu işlemlerin sonucunda hayatlarından ümit kesilen hastalar tekrar hayata kavuşuyorlar.

Büyük bir peygamber olan Îsa Aleyhisselâm bu ilmin öncüsü ve önderidir.

Îsa Aleyhisselamın zamanında tıp ilmi çok ileri bir seviyedeydi. Cenab-ı Hak Îsa Aleyhisselama büyük bir mucize verdi. Allah'ın izniyle anadan doğma kör olan insanların gözlerini açıyor, abras denilen cilt hastalığını iyileştiriyordu. Daha ötesi ölüleri diriltiyordu.

Yeni ölmüş üç kişiyi Allah'ın izniyle diriltti, tekrar hayata döndürdü.

İnanmayanlar dediler ki: "Sen yeni ölmüşleri diriltiyorsun, onlar belki ölmemiştir. Binlerce sene önce ölmüş olan Hz. Nuh'un oğlu Sam'ı diriltebilir misin?"

İsa Aleyhisselâm, Sam'ın mezarı başına gitti, "Kalk yâ Sâm!" diye seslendi, Sam dirilip ayağa kalktı.

İsa Aleyhisselam elinde hiçbir âlet ve ilâç olmadan bu mucizeyi gerçekleştiriyordu. Ve bu mucize en ileri seviyedeydi.

Yüce Allah bu mucizenin ışığında biz insanlara şu çağrıda bulunuyor:

"Her derdin dermanı vardır. Ey insanlar! Ümitsizliğe kapılmayınız, arayınız, bulunuz. Öyle ki ölüme bile geçici bir çözüm bulmak mümkün. Nasıl ki ölmüş olan kalbler iman nuruyla diriliyorsa, ölmüş gibi hastalar dahi onun nefesiyle ve dokunmasıyla şifaya kavuşuyor. Sen de benim yeryüzüne serdiğim büyük eczanede her derde derman bulabilirsin, çalış, bul. Ararsan mutlaka bulursun."

Demiri eliyle hamur haline getiren Peygamber

Bugün sanayi, fabrika denince hemen aklımıza demir ve bakır geliyor. Nerdeyse demirin kullanılmadığı bir alan yok.

Demir filizi yerden çıkarılıyor, demir-çelik fabrikalarına götürülüyor, çok büyük fırınlarda 1500 derece sıcaklıkta eritiliyor, sonra kalıplara dökülüyor, ihtiyaç olan yerde kullanılıyor.

Küçük çapta bir şey yapılacağı zaman yine ateşe sokuluyor, kızartılıyor, balyozlarla istenen şekil veriliyor.

Davud Aleyhisselam öyle yapmıyordu, o şöyle yapıyordu. Demiri eline alır almaz demir hemen yumuşuyor, hamur gibi oluyordu. Demire istediği şekli veriyordu.

Davud Aleyhisselam demirden zırh yapıyordu. Eskiden askerler savaşlarda kılıçtan ve mızraktan korunmak için zırh adı verilen demir elbise giyerlerdi.

Cenab-ı Hak Davud Aleyhisselama böyle bir mucize vermişti.

Demir madeni Davud Aleyhisselamdan önce de vardı, fakat ateşe sokmadan mum gibi biçim vermek ancak ona nasip olmuştu.

Buradan anlıyoruz ki, bugünkü sanayiin bu anlamda babası bir peygamber olan Hazret-i Davud'du.

Yüce Allah bu mucize vesilesiyle şu çağrıda bulunuyor:

"Emirlerime boyun eğen bir kulumun eline öyle bir sanat verdim ki, elinde demire balmumu gibi her türlü şekli verir. Siz de kâinatta var olan kanunlara itaat ederseniz o sanat size de verilir, zaman içinde yetişir ve yanaşabilirsiniz."

Süleyman Aleyhisselam görüntüyü değil, eşyayı naklediyordu

Yemen de bir kraliçe vardı. Adı Belkıs. O zamanki Yemenliler de tanrı diye güneşe tapıyorlardı.

Süleyman Aleyhisselam Belkıs'a bir mektup gönderdi ve Müslüman olmaya çağırdı.

Belkıs mektubu alır almaz telâşa kapıldı. Hemen kurulu topladı. Düşüncelerini aldı.

Kuruldan savaş kararı çıktı. Fakat Belkıs, Süleyman Aleyhisselama elçilerle birlikte çok değerli hediyeler gönderdi, işi tatlıya bağlamak istedi.

Elçiler yola çıktılar. Süleyman Aleyhisselam onların geleceğini haber almıştı. Geniş bir meydana tahtlar ve kürsüler kurdurdu. Cinlerden, insanlardan, kuşlardan saf saf ordular sıraladı. Saltanatını ve gücünü sergiliyordu. Çünkü Süleyman

Aleyissselamın sözü sadece insanlara değil, cinlere, kuşlara ve bütün varlıklara geçiyordu.

Belkıs'ın elçileri yere göğe sığmıyorlardı, gururlarından burunları havadaydı. Getirdikleri hediyeleri Süleyman Aleyhisselâma takdim ettiler. Bu hediyeler Belkıs'ın gücünü ve zenginliğini anlatıyordu aynı zamanda...

Fakat Süleyman Aleyhisselamın haşmeti karşısında hediyeler çok sönük düştü ve cılız kaldı.

Süleyman Aleyhisselam elçileri hediyeleri ile birlikte geri gönderdi. Adamlar geldiklerine bin pişman olarak ülkelerine döndüler. Gördüklerini Belkıs'a eksiksiz anlattılar.

Süleyman Aleyhisselamın gücü ve imkânı karşısında zayıf düşen Belkıs Müslüman olmaya karar verdi. Kalabalık bir toplulukla yola çıktı.

Ayrılmadan önce çok kıymetli tahtını köşkünün gizli bir bölümüne koydurmuş, kapısını da kilitleyerek güven altına almıştı.

Süleyman Aleyhisselam Belkıs'ın yola çıktığını haber aldı. Tereddüt göstermeden imana gelmeleri için onlara bir sürpriz yapmak istedi.

Belkıs gelmeden önce tahtını Yemen'den Şam'a getirecekti. Cinlerin ve insanların ileri gelenlerini topladı, böyle bir görevi kimin üstleneceğini sordu.

Cinlerden çok güçlü ve becerikli bir grup vardı. Bunlara ifrit denirdi. Bir ifrit kalktı, Süleyman Aleyhisselâma, "Sen daha yerinden kalkmadan ben gider onu buraya getiririm" dedi.

Bu arada Vezir söz aldı, dedi ki:

"Siz daha gözünüzü açıp kapamadan ben tahtı size getirebilirim" der demez Belkıs'ın tahtı Süleyman Aleyhisselamın huzurunda oldu. Tahtın çevresinde adamların görüntüleriyle birlikte sesleri de duyuldu. İki bin kilometrelik yerden taht bir anda olduğu gibi gelmişti.

Vezir böyle bir ilmi elde etmişti. Ama bu olay Süleyman Aleyhisselamın bir mucizesiydi. Cenab-ı Hak peygamberine böyle bir nimet vermişti.

Böylece eşya uzak mesafelerden olduğu gibi bir anda aynen getiriliyordu.

Zamanımızda radyo ve TV aracılığıyla uzak mesafelerden ancak ses ve görüntü getiriliyor. Bu mucizenin bir yönüydü. Ama daha insanlık ve bilim uzak mesafelerden eşyayı olduğu gibi nakletme seviyesine gelemedi.

Üstelik şimdilerde ses ve görüntü birçok elektronik âletler ve uydu aracılığıyla gelirken, Süleyman Aleyhisselam bunları aracısız ve hiçbir âlet kullanmadan yapıyordu.

Bu mucize vesilesiyle Yüce Allah biz insanlara şu çağrıda bulunuyor:

"Ey insanlar! Şu büyük nimetten istifade ediniz. Kulluk görevinizi ihmal etmeden çalışınız! Dünyayı, her tarafı görülebilen ve sesleri işitilebilen bir bahçeye çeviriniz. En uzak mesafelerden eşyayı aynen nakletme işini gerçekleştiriniz!"

Hz. İbrahim'i yakmayan ateş ve itfaiyeciler

O gün bayramdı. Ninova halkı şehrin bayram yerine çıkmıştı. Şehirde sadece İbrahim kalmıştı. Eline bir balta alarak puthaneye gitti. Bütün putları kırdıktan sonra baltayı götürdü, büyük putun eline verdi.

Halk evlerine döndü, bir de ne görsünler, bütün putlar kırılmış, balta da büyük putun elinde duruyordu. Herkes bu işi İbrahim'in yaptığını anlamıştı çoktan. Çağırdılar, hesaba çektiler. Cevap susturucuydu:

"O işi büyük put yapmıştır."

"Put bu işi yapamaz ki!"

"Öyle ise cansız bir şeye niçin tapıyorsunuz?"

Sonunda kral Nemrut çağırdı Hz. İbrahim'i huzuruna ve sordu:

"Söyle bakayım, senin Rabbin kim?"

"Benim Rabbim Allah, O hem hayat verir, hem de öldürür."

Nemrut: "Bu da iş mi, ben de hayat veririm ve öldürürüm. Böyle Rab olunuyorsa ben de Rabbim" dedi ve iki adam getirtti, birini öldürdü, diğerini serbest bıraktı.

Nemrut'un yaptığı bir saçmalıktı.

Hz. İbrahim: "Benim Rabbim güneşi doğudan çıkarır, haydi bakayım sen de güneşi batıdan çıkar" deyince, Nemrut'un eli ayağı tutuldu. Adamları karşısında küçük düştü.

Hz. İbrahim'i susturmak mümkün değildi, Nemrut onu öldürmeye karar verdi. Yakacaktı. Bunun için çok büyük bir bina yaptırdı. İçini odun yığınlarıyla doldurdu. Odunları ateşe verdi. Alevler göklere yükseliyordu.

Kepçe gibi büyük bir mancınık yaptırdı. Hz. İbrahim i yakalatıp getirtti.

Hz. İbrahim çok rahattı. Dualar ediyordu. Götürdüler mancınığa koydular ve ateşin ortasına fırlattılar. Bu esnada Cenab-ı Hak ateşe şu emri verdi:

"Ey ateş İbrahim için soğuk ve selâmetli ol, onu yakma!"

Bu emir üzerine ateş Hz. İbrahim i yakmadı.

Bu olay bir mucizeydi. Demek ki, ateş insanı yakmayabilirdi. Ve ateşin yakmayacağı bir elbise bulunabilirdi.

Yüce Allah insanlara şu çağrıda bulunuyordu:

"Ey insanlar! İbrahim gibi olunuz. Ruhunuza imanı giydirip Cehennem ateşine karşı korunun. Allah'ın sizin yeryüzünde sakladığı bazı maddeler var, onlar sizi ateşin tehlikesinden korur!"

İşte bugün başta itfaiyeciler olmak üzere bazı sanayi kollarında ateşe karşı dayanıklı olan elbiseler bulunmuştur. İnsanlara bu mucize yol göstermiştir.

(Yirminci Söz'den)

ÜCRETLER PEŞİN
CENNET HEDİYE

Neden ibadet ediyoruz?

Hemen peşinden bir karşılık almak için mi, yoksa daha önce verilen nimetlerin bedelini ödemek için mi?

Daha önce verilen nimetlerin bedelini ödemeye çalışmak için.

Nasıl mı?

Bir defa biz ücretimizi baştan, peşin almışız, bunun için ibadet yapmakla görevliyiz.

Hangi ücretleri almışız, bize peşin olarak neler verilmiş?

Bir:

Biz yoktuk, var edildik. Dünyaya gelmek elimizde değildi. İsteyerek gelmedik. Gelmek için özel bir çaba da harcamadık. Yokluktan varlığa çıktık.

Böylece var olma ücretini aldık.

İki:

Bir çakıl taşı olabilirdik, bir odun parçası olabilirdik, bir sinek, bir böcek de olabilirdik. Hatta bir kedi veya bir fare...

Ama olmadık.

Taş diyebiliyor mu, "Ben neden ağaç olmadım?" diye.

Sinek diyebiliyor mu, "Ben niçin insan olmadım?" diye.

Diyemez de, demeye de hakkı yok!

Ne olduk?

İnsan!

Mükemmel bir varlık. Üstün bir yaratık. Kapsamlı, geniş ve zengin bir mahlûk.

Her şey ilgi alanımıza girdi. Dünya, evren, ahiret, cennet, her şey, ama her şey bizimle ilgili...

Böylece insanlık ücretini aldık.

Üç:

İnsan olarak dünyaya geldik, ama hayattayız, canlıyız ve ayaktayız. Aklımız, kalbimiz, beynimiz, duyu organlarımız: Göz, kulak, ağız, burun, daha neler var neler? Bütün bu duyularımızın ihtiyaçları, rızıkları ve onlara lâzım olan nimetler de hazır...

Yeryüzü bin bir çeşit nimetler sofrası. Alabildiğine bütün nimetlerden istifade ediyoruz.

Düşünmek için, görmek için, duymak için, koklamak için, konuşmak için, yemek yiyebilmek için, su içebilmek için kaç kuruş veriyoruz?

Koca bir Hiç!

Böylece hayat ücretini aldık.

Dört:

Bu bedeni, duygularımızı, nimetleri nasıl kullanacağız? Bir telefon alsak nasıl kullanacağız diye hemen kataloguna bakıyoruz. Yanlış kullanacak olsak bozulur, bizi zarara sokar.

Verdiği bu nimetleri kullanmak için de Yüce Allah Kur'an gibi bir kitap, Peygamberimiz gibi bir rehber, İslâm gibi bir hayat katalogu lütfetmiştir.

İslâm sayesinde Onun verdiği nimetleri, Onun bildirdiği çerçevede, Onun öğrettiği biçimde kullanıyoruz. Böylece nimetleri her görüşte, her tadışta, her fark edişte Ondan geldiğine inanıyor, Onun mülkü olduğuna iman ediyoruz.

Böylece İslâm ve iman ücretini aldık.

Beş:

Bütün bunların yanında öyle bir duygu ile donatılmışız ki, bitmez tükenmez bir nimet: SEVGİ.

Sevgi öyle geniş bir sofra, öyle sonsuz bir lezzet, öyle dolgun bir saadet ki tarifi mümkün değil...

Annemizi, babamızı, kardeşimizi, oğlumuzu, kızımızı sevmesek...

İşimizi, evimizi, okumayı, güzelliği, çevremizi, insanları sevmesek...

Dünyayı, varlıkları, nimetleri sevmesek...

Allah göstermesin Allah'ı, Peygamberimizi, dinimizi sevmesek; Cenneti sevmesek varlık neye yarar, hayat neye yarar?

İşte bize nimetler içinde nimetler. Çok zaman fark edemediğimiz, nasıl olsa var diye aklımıza bile getirmediğimiz şirin, tatlı ve mükemmel hazineler verilmiş.

Böylece sevgi ücretini aldık.

***

Değerbilir bir varlık olarak artık bir bahanemiz kalıyor mu, ibadetten tembellik yapmaya, namazdan usanç duymaya, duadan uzak durmaya...

Sanki bütün bu nimetlerin karşılığını ödemişiz de, kulluk görevimizi ağırdan alıyoruz, nazlanıyoruz.

İbadet ve kulluk görevini yapınca Cenneti hak etmek mi, o da sadece Allah'ın bir ikramı, armağanı, hediyesi ve mükâfatı.

Bize düşen nedir? "Ver yâ Rabbi!" diyebilmek...

(Yirmidördüncü Söz'den)

ABDEST, NAMAZ
BİR SAAT

"Bir tek saat beş vakit namaza abdestle kâfi gelir.
Acaba yirmi üç saatini şu kısacık dünya hayatına harcayan ve
o uzun sonsuz hayatına bir tek saatini vermeyen ne kadar zarar eder,
ne kadar nefsine zulmeder, ne kadar akıl dışı hareket eder."

Allahü ekber, Allahü ekber!...

Hayye ale s-salah!... (Gelin namaza!)

Hayye ale l-felah!... (Gelin kurtuluşa!)

Günde beş defa bu davet minareden yapılır. Bu davete ezan diyoruz, çağıran kişiye de müezzin...

Müezzin aklına estiği zaman ezan okuyamaz. Her ezanın belli bir vakti vardır.

Vakti belirleyen kim?

Allah.

Davet edilenler kim?

Ezanı duyan herkes.

Neye davet ediliyor?

Namaza.

Nereye?

Camiye.

Kimin adına davet ediyor?

Allah adına...

Günde kaç defa?

Beş defa: Sabah, öğle, ikindi, akşam ve yatsı.

Demek ki, yükselen bu ses sıradan bir ses değil, sıradan bir davet hiç değil. Davet eden ise, her şeyi ve herkesi yaratan, yaşatan Yüce Rabbimizdir...

Öyle bir Rab ki, dünyayı bizim için hazırlamış, bizi yaratmış, güzel bir vücut vermiş, çeşitli duygularla süslemiş, önümüze sayıya gelmez nimetler sermiştir.

Öyle nimetler ki, varımızı yoğumuzu, mümkün olsa her şeyimizi versek bile karşılayamayacağımız nimetler...

Meselâ, sadece gözümüzü bizden isteseler, karşılığında bütün dünyayı verseler kabul eder miyiz?

Tabiî ki hayır.

Bizi çok seven Rabbimiz, günde beş defa huzuruna çağırıyor. Hangimiz koşarak gitmeyiz?

Okul müdürü veya âmirimiz bizi çağırsa "Hayır, gelmiyorum!" diyenimiz çıkar mı hiç?

Hatta günde on defa da çağırsa, her seferinde koşarak gideriz. Ne kadar işimiz olursa olsun düşünür müyüz? Çünkü, öğretmene minnet borcumuz var, bize çok şeyler öğretiyor.

Ya Allah'ımız? Düşünelim bir kere. Bütün sevdiklerimizi O vermiş. Bütün ihtiyaçlarımızı o yaratmış. Aklımızı kafamızda, ruhumuzu bedenimizde onun gücü tutuyor.

Her şeyimizle ona borçluyuz. On değil, günde yüz defa da çağırsa sevinerek koşmamız gerekir değil mi? Çünkü ona olan borcumuzu ödememiz mümkün değil. En azından sevgisini kazanırız.

Namaz Allah'ın huzuruna bir davet. Her davette heyecan duyarız, bizi davet etmiş diye...

Tabiî ki, temiz olarak gitmek gerekir. Bu temizliğin adı ise abdesttir.

Abdest, hem bir beden temizliğidir, hem de bir ruh temizliği. Hem bir dış temizlik, hem de iç temizlik. Çok da kolay ve ucuz...

Öyle pek zaman da almaz. Bir abdesti kaç dakikada alırsınız? Olsa olsa dört dakikada diyelim.

Namazlar mı?

Beş vakit namaz

40 rekât.

Her rekâtı bir dakikada kılınırsa hepsi 40 dakika yapar.

Abdestle birlikte eder mi 60 dakika.

Geriye bir günde tam 1380 dakika (23 saat) kalıyor.

Bir saat âhirete, 23 saat dünyaya.

Şimdi kim kârlı?

Kim akıllı hareket ediyor?

Bir saatini âhiret için ayıran mı, yoksa onu da çok gören mi?

Beş vakit namaz kılınınca, Cenab-ı Hak diğer kalan bütün zamanları namaz kılmışız gibi kabul ediyor.

Etti mi, 24 saatin tamamı namazlı ve sevaplı...

Sonuç: Biz Allah'ı sevdik, Allah da bizi sevdi.

Az mı, daha ne istiyoruz?

(Dördüncü Söz'den)

NAMAZ KILMAK
ÇOK MU ZOR?

Önce bir soru: Namaz usandırır mı?

Bir zaman yaşlı başlı, güçlü kuvvetli, yüce makam sahibi bir adam bana dedi ki:

"Namaz iyidir, güzeldir, fakat hergün beşer defa kılmak çoktur, bitmediğinden usanç veriyor."

O adamın o sözünden bir hayli zaman geçtikten sonra nefsimi dinledim. (Nefis: içimizdeki kötü düşünceleri seslendiren duygu) İşittim ki, nefsim de aynı sözleri söylüyor. Ve nefsime baktım, gördüm ki, tembellik kulağıyla şeytandan aynı dersi alıyor. O vakit anladım: O adam o sözü bütün nefisler namına, herkes adına söylemiş gibidir veya söylettirilmiştir.

O zaman ben de dedim: "Madem nefsim beni hep kötü düşüncelere sürüklüyor, nefsini düzeltemeyen kimseyi düzeltemez. Öyle ise önce kendimden başlarım."

Ve bir cevap:

"Ey nefis! Bu söz cahilce bir söz, içinde tembellik kokuyor ve düşünülmeden rastgele söylenmiş.

"Ey talihsiz nefsim! Acaba ömrün ebedî mi? Sonsuza kadar mı yaşayacaksın? Gelecek seneye, belki yarına kadar yaşayacağına dair elinde bir senet var mı?

"Seni usandıran, bıktıran sonsuza kadar yaşama korkusudur. Keyif için ebedî dünyada kalacakmış gibi nazlanıyorsun.

"Eğer ömrünün az ve faydasız geçtiğini anlasaydın, onun yirmi dörtte birini gerçek ve sonsuz bir hayat için ayırırdın.

"Namaz çok güzel, çok hoş, çok rahat, çok zevkli, çok tatlı bir ibadettir. Ondan usanmak şöyle dursun, insanın zevkine zevk katar."

Birinci Uyarı:

"Ey midesine düşkün nefsim! Hergün ekmek yersin, su içersin, havayı teneffüs edersin, onlar sana usanç veriyor mu?

"Madem usandırmıyor; çünkü bunlara sürekli ihtiyacın var. Usanmak değil, her seferinde lezzet alırsın.

"Öyle ise vücudumda senin arkadaşların olan kalbimin gıdası, ruhumun âbıhayatı, bütün duygularımı neşelendiren ve coşturan namaz da seni usandırmamalı."

Beş vakit namaz kaç saat sürer?

Namaz kaç vakit?

Beş vakit: Sabah, öğle, ikindi, akşam ve yatsı.

Toplam kaç rekât?

Kırk rekât.

Beş vakit namaz kaç dakikada kılınır?

Birer dakikadan kırk dakikada.

Dörder dakikadan yirmi dakika da abdest sürsün, diyelim. Böylece beş vakit namaz abdestiyle birlikte bir saat sürer.

Bir gün kaç saat?

Yirmi dört saat.

Demek ki, namaza bir saat ayırdığımızda geriye bizim için tam yirmi üç saat gibi koca bir zaman kalıyor.

Yirmi üç saat. Bu süre içinde ye iç, yat kalk, çalış dinlen, oku, yaz, gez, dolaş, serbestsin. Bir saati de namaza ayır.

Zor gelmez, değil mi? Tersi olsa zor gelirdi. Yani yirmi üç saat namaz, bir saat diğer işlere kalsaydı, o zaman zor olurdu.

(Yirmibirinci Söz'den)

KAÇ YIL NAMAZ KILACAĞIZ?

"Kaç yıl yaşayacağız," dersiniz?

Olsa olsa yüz yıl. Daha ötesini kimse istemez.

Ya ne zaman öleceğiz?

Allah bilir.

Bir saat sonra mı, bugün mü, yarın mı, bir yıl sonra mı, on yıl sonra mı, yoksa kırk yıl sonra mı?

Kimse bir saat ve tarih veremez, değil mi?

Diyelim ki, on yaşında namaza başladık. Şimdi on iki yaşındayız. İki yıl namaz kıldık, şu anda üzerimizde o kıldığımız namazların ağırlığını taşıyor muyuz?

Tabiî ki, hayır. Ağırlığını değil, sevincini taşıyoruz. Çünkü zamanında çok zevkli bir iş yaptık, şimdi onun sevinci kaldı.

Demek ki, daha önce kıldığımız namazların üzerimizde hiçbir ağırlığı yoktur.

Daha ne kadar namaz kılacağız?

Bir vakit mi, beş vakit mi, elli vakit mi?

Yoksa bir yıl mı, on yıl mı, kırk yıl mı?

Bu soru ne zaman öleceğiz gibi bir soruya benziyor.

Kimse kesin bir cevap veremez.

Her saniye ve saatte ölme ihtimali var.

Öyle ise kaç vakit namaz kılacağız?

Bir vakit, değil mi? O da şu anda vakti giren namaz.

Diyelim ki, öğle namazı olsun.

Bu vakti kılınca, ondan sonrakini kılma konusunda bir garantimiz yoktur.

Kendimizi ömrümüzün sonuna kadar namaz kılmak üzere değil de, "sadece bir vakit namaz kılacağım," diye ayarlarsak, bıkkınlık duymaya, usanmaya, sıkılmaya hiç gerek kalmaz.

(Yirmibirinci Söz'den)

NAMAZ HAYATİ BİR İHTİYAÇTIR

Bir günde ne yaparız?

Üç öğün yemek yeriz.

En az on defa su içeriz

Dakikada yirmi defa nefes alıp veririz.

Dakikada on defa gözümüzü açar kaparız.

Sekiz dokuz saat uyuruz.

Saatlerce konuşabiliriz.

Otuz kırk defa oturur kalkarız.

Kırk elli defa güleriz.

Daha neler yaparız neler?

Bunların hiçbirinden usanmayız, bıkmayız, yorulmayız.

Neden?

Çünkü bunların hepsi birer ihtiyaç. Yaşıyorsak, bunların hepsini yapmamız gerekir.

Diğer taraftan sadece mideden, ağızdan, dilden, gözden, elden, ayaktan ibaret bir varlık da değiliz. Kuru bir beden hiç değiliz.

Ayrıca bir kedi de değiliz ki, karnımız doyunca hemen bir köşeye kıvranıp yatalım?

Duygularımız var, kalbimiz, ruhumuz, aklımız, manevî yönlerimiz de var. Bunlar bizi diğer canlılardan ayıran özelliklerimiz...

Midemizin yemeğe ihtiyacı olduğu gibi, kalbimizin, ruhumuzun, aklımızın da gıdaya ihtiyacı var. Onları da aç bırakamayız, doyurmamız lâzım.

Kalbimize ne verelim?

Köfte versek alır mı?

Aklımıza ne yedirelim?

Baklava versek yer mi?

Ruhumuzu neyle besleyelim?

Çikolata versek ister mi?

Hayır, hiçbirisi olmaz...

Bazan olur, canımız sıkılır, patlayacak hale geliriz.

Bazan olur, kalbimiz daralır, çatlayacak duruma geliriz

Bazan olur, aklımız karışır, dünya dar gelir.

Ne yapsak geçmez, ne etsek rahatlamayız.

Canımız kimin, bizim mi?

Hayır Onun.

Kalbimiz kimin, bizim mi?

Hayır Onun.

Aklımız kimin, bizim mi?

Hayır Onun.

Öyle ise ne yapmalıyız?

Yapılacak tek bir şey var. Ezan daveti gelir gelmez, hemen gidip güzel bir abdest almak, namaz kapısını çalmak, Onun huzuruna varmaktır.

Bizi yoktan var eden, yaşatan, besleyen, büyüten güzel Rabbimize yönelmeliyiz.

Onun önünde ayakta durmalı, Onun karşısında eğilmeli, Onun büyüklüğü karşısında secdeye varmalı. Her şeyi, ama her şeyi Ondan istemeliyiz.

O bizi görüyor, O bizi biliyor, O bizi tanıyor, O bizi seviyor, O bizi yaşatıyor.

O zaman bakın, hiçbir açlık kalmaz.

Bütün sıkıntılar gider, yerini lezzete bırakır.

Bütün darlıklar gider, yerini feraha bırakır.

Kalbimiz doyar, ruhumuz doyar, aklımız doyar.

Oh be! Dünya varmış...

(Yirmibirinci Söz'den)

NAMAZ KILINCA
ELİMİZE NE GEÇER?

"**A**l sana şu kadar para, otur, şu işi yap" deseler, şevkle çalışırız.

Çalışırken usanır mıyız?

Bıkkınlık gösterir miyiz?

Hayır, göstermeyiz.

Neden?

Çünkü ücret peşin.

Bir başka gün bizi tehdit etseler, korkutsalar, Burada akşama kadar çalışacaksın deseler, tereddüt etmeden çalışırız.

Neden?

Çünkü can korkusu var.

Namaz da öyle.

Yüce Rabbimiz ücretimizi peşin vermiş.

Nasıl mı?

Namaz kalbimizi ve ruhumuzu besleyen bir ibadet.

Namaz kılınca bir rahatlık duyarız, içimiz açılır, ruhumuz nefes alır, dinleniriz.

Bu ücret dünyada. Ya öbür tarafta, âhirette neler var?

Kabirde gıda ve ziya

Ne demek?

İster istemez, er veya geç, şu veya bu yaşta bu hayat bitecek. Sonsuz bir hayat başlayacak. İlk durak kabir. Kıyamet kopana kadar orada kalacağız. Kabirde tek bir ışık vardır: namaz, tek bir gıda vardır: namaz...

Bir emirle hepimiz dirilip kabirden çıkacağız. Bütün insanların toplandığı Mahşer Meydanında toplanacağız. Orada büyük bir mahkeme kurulacak, hepimiz hesaba çekileceğiz.

Namaz burada imdada yetişecek. Bu mahkemeden namaz belgesiyle berat edeceğiz. Elimize namaz beratı verilecek...

Bundan sonra Cehennemin üzerine kurulacak olan Sırat Köprüsünün başına geleceğiz. Kıldığımız namazlar burada da bir Cennet bineği olan Burak şekline gelecek ve ona binerek sırattan geçeceğiz.

Bütün bu yollardan geçtikten sonra Cennet gelecek. Namaz kılanlara Yüce Rabbimiz Cenneti söz veriyor. Orada sonsuza dek yaşamayı vaad ediyor.

İşte hizmet, işte ücret; işte namaz, işte Cennet.

Buyurun hepiniz, ne mutlu size!

Bu kadar ücreti bildikten sonra hangimiz namazı ihmal ederiz? Bu kaybın telafisi var mı başka şekilde?

***

Bunun bir de öbür yönü var. Örnekte geçtiği gibi, bizi biri korkutsa akşama kadar çalışırız.

Şu suçu işlersen, on sene hapiste yatarsın deseler, hapis korkusundan o suçu işlemeyiz.

Namaz kılmak Allah'ın bir emri. Kılmamak ise emre karşı gelmektir ve bir suçtur.

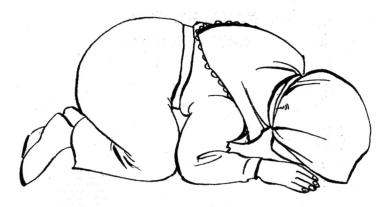

Emirleri yerine getirene Allah Cenneti vaad ettiği gibi, karşı gelenleri de Cehenneme koyacaktır.

Dünya hapsinde birkaç sene yatmamak için kanunlara uyuyoruz. Sonsuz bir hapishane olan Cehenneme girmemek için de en önemli emir olan namazı ihmal edemeyiz.

(Yirmibirinci Söz'den)

NAMAZ KILMAYA VAKİT YOK MU?

Annemiz uyarır:

"Kızım akşam namazını kıldın mı?"

"Hayır, dersten fırsat bulamadım"

"Dizi filmin bitmesini bekledim."

"Arkadaşımla sohbete dalmışız."

Babamız hatırlatır:

"Oğlum yatsı namazını kıldın mı?"

"Hayır, çok yorgunum, kımıldayacak mecalim yok."

"Şu maç da bitmedi bir türlü?"

"Yarın o kadar önemli bir sınavım var ki..."

İşte sıradan birkaç bahane. Herkes kendine göre bol bol uydurur bu bahaneleri...

Babanın da ihmali hazırdır:

"Bir oraya koş, bir buraya koş, fırsat mı kalıyor namaza?"

"Geçim derdi işte, didinip duruyoruz, benim yemek yemeğe bile vaktim yok."

"Haberleri de kaçırmamak lâzım. Memlekette ne olup bitiyor, bilmek lâzım..."

Dert küpü olan babalar, dünyayı sırtlarında taşıyormuş gibi namazı hep geriye bırakırlar.

Anneler mi?

Onların zaten işleri bitmez hiçbir zaman...

"Akşama kadar çamaşır, bulaşık, temizlik, birini bitir öbürüne koş."

"Komşulardan başımı alamıyorum ki, sohbet gittikçe koyulaşıyor."

"Bu TV'lere de bu kadar çekici programları niye koyarlar ki..."

Her kesimin ve herkesin kendine göre sürü sepet sonu gelmez bahaneleri vardır.

İnsan bu dünyaya sadece çalışıp çabalamak için mi geldi dersiniz?

Gününü gün yapacak, anlık ve günlük yaşayacak, istediği gibi hareket edecek, ondan sonra da bu dünyadan göçüp gidecek?

Olur mu böyle şey?

Bütün bunları en iyi şekilde serçe kuşu da yapıyor. Serçenin tek işi vardır: uçar, konar, gezer, tozar, kursağını doyurur, akşam olunca da yuvasına döner.

İnsan öyle mi?

Günlük işlerini bitirince, karnını doyurunca görevini yapmış mı olur?

Tabiî ki hayır.

Onun sonsuz bir geleceği, ölüm sonrası gibi bitmez tükenmez bir hayatı var. Orayı ihmal edemez.

Orası için hazırlık yapmalı. Dünyasını yaparken, âhiretini yıkmamalı. Bedensel ihtiyaçlarını karşılarken ruhsal ihtiyaçlarını göz ardı etmemeli. Yoksa cebi dolarken, eli boş olarak gider öbür tarafa..

***

Acaba sadece dünya için mi yaratılmışsın ki, bütün vaktini dünyaya veriyorsun?

Dünya meşguliyetleri dediğin şeyler ise, çoğu seni ilgilendirmeyen, boş yere karıştığın ve karıştırdığın anlamsız meşguliyet olmasın.

Sana en çok lâzım olanı bırakıp, güya binler sene ömrün varmış gibi en gereksiz şeylerle vaktini geçiriyorsun.

Meselâ Satürn gezegeni etrafındaki halkalar nasıl oluşmuş, Amerikan tavukları ne kadardır diye değersiz şeylerle değerli ömrünü geçiriyorsun. Güya gökbilimciliğinden ve istatistikten söz ediyorsun...

(Yirmibirinci Söz'den)

ÇALIŞAN İNSANIN NAMAZ BEREKETİ

Namaz kılmaya yanaşmayan insanların bir başka bahanesi:

"Beni namazdan alıkoyan ve usandıran öyle gereksiz şeyler değil. Ben aile geçindiriyorum. Çalışmak zorundayım, namaz kılmaya zaman bulamıyorum."

Önce şu misale bakalım:

On milyonluk bir gündelikle bir işte çalışıyorsun. Bir adam gelse, sana dese ki: "Gel on dakika şurayı kaz, bir milyar değerinde bir pırlanta bulacaksın."

Sen ona, "Yok gelmem. Çünkü on milyonluk gündeliğimden kesilecek, gelirim azalacak" desen, ne kadar akılsızca hareket ettiğini anlarsın.

Bu misalde olduğu gibi, sen şu bahçede geçimin için çalışıyorsun. Eğer namaz kılmazsan, bütün çalışman sadece dünyaya ait kalır. Bu bereketsiz bir çalışma demektir...

Eğer işe ara verip de dinlenme zamanını ruhunun rahatını, kalbinin teneffüsünü sağlayacak olan namaza ayırırsan iki kat kâr edersin.

Kârlardan birincisi: Bu bahçeden elde ettiğin çiçekli olsun, meyveli olsun her bitkinin ve her ağacın yaptığı tesbih ve zikirlerden sen de bir pay alırsın. Çünkü o bitkiler kendi dilleriyle Yaratıcılarını zikrediyorlar, Onu tesbih ediyorlar.

Kârlardan ikincisi: Bu bahçeden çıkan ürünlerden kim yerse yesin--Hayvan olsun, insan olsun, inek olsun, sinek olsun, müşteri olsun, hırsız olsun--bütün bu yenilenler senin için bir sadaka yerine geçer. Onların yediği kadar sevap alırsın.

(Yirmibirinci Söz'den)

NAMAZDAN SOĞUTAN VESVESE

"Namaz kılarken aklıma çok kötü şeyler geliyor. Bu halde iken nasıl namaz kılayım?"

Namaz kılan herkes bu dertten şikâyet eder. Namaza durduktan sonra aklımıza çirkin düşünceler, edep dışı şeyler gelir. Canımız sıkılır, kalbimiz daralır, kafamız karışır, sonunda huzurumuz kaçar.

"Kalbim ne kadar bozulmuş" diye kendimizi suçlarız. Heyecana kapılırız. Kurtulmak için huzurdan kaçarız. İçimizde namaza karşı bir soğukluk başlar. Bazan olur, namazı bozar, tekrar başlarız. Öyle anlar olur ki, namaza durup durduğumuza bin pişman oluruz.

Aman dikkat! Bütün bu kötü düşünceler bizden kaynaklanmıyor. Tamamıyla şeytandan geliyor. Namaz kılmaya hazırlandığımız andan itibaren şeytan bizimle uğraşmaya başlar, bitirinceye kadar devam eder.

Bunun adı vesvesedir. Vesvese şeytanın sesi ve sözleridir. Yoksa bizim içimizden, kalbimizden geliyor değil....

Vesvese bir hayal hastalığıdır. Namaza durur durmaz şeytan abur cubur şeylerle kafamızı doldurur.

Hayal duygumuz bir ayna gibidir. Her türlü görüntüye açıktır. Dikkatimizi namazdan çeker, kötü düşüncelere çevirir.

Çare nedir? Bir defa telâş etmeyelim. Bu çirkin sözler ve görüntüler bize ait değildir, şeytana aittir. Çünkü kalbimiz bundan rahatsızdır. Kalbimizden gelmiyor.

Ya nereden geliyor?

Şeytanın kalbimize yakın bir yerde kumanda merkezi var, vesveseyi oradan gönderiyor.

Bu çeşit vesvesenin hiçbir zararı yoktur. Ne zaman ki zarar görüyorum düşüncesine kapılırsak, o zaman zarar görürüz.

Hayal aynamızda görünen bu çirkin görüntülerin ve sözlerin bize hiçbir zararı yoktur. Şeytandan gelen bu şeyler televizyondaki ateşe benzer, ateşin görüntüsü yakmaz. Veya vesvese yılana benzer, televizyonda görünen yılan zarar veremez. Yahut televizyondaki pisliğe benzer, elimize bulaşması mümkün değildir.

Bu örneklerde olduğu gibi, namazda iken hayalimize gelen, kafamızı karıştıran, huzurumuzu kaçıran o kötü sözler ve pis manzaralar da namazımıza zarar vermez.

Çare olarak ne yapmamız gerekir?

Bu tür kötü düşüncelere önem vermeyeceğiz, ciddiye almayacağız, üzerinde durmayacağız, gözümüzde büyütmeyeceğiz, korkup ürkmeyeceğiz. Benimsemeyeceğiz, kabul etmeyeceğiz, zarar verir diye bir endişeye kapılmayacağız.

(Yirmibirinci Söz'den)

HER ŞEYLE BİRLİKTE NAMAZ KILIYORUZ

"Namaz, bütün ibadetlerin nurlu bir fihristi ve bütün varlık türlerinin
ibadet çeşitlerine işaret eden kutsal bir haritadır."

Namaz ibadetlerin fihristi: yani namaz bütün ibadetleri
içinde bulunduruyor. Her türlü ibadet namazın içinde var.

Namazda oruç tutuyoruz

Nasıl mı?

Meselâ oruç. Namaza durduktan sonra oruç tutuyoruz de-
ğil mi? Oruçlu iken ne yapmıyorsak, namazda da onu yapmı-
yoruz, yapamıyoruz. Yiyip içmiyoruz, yalan yanlış bir şey söy-
lemiyoruz. Cinsel duygularımıza hâkim oluyoruz.

Hatta namazda susma orucu bile tutuyoruz. Kimseyle ko-
nuşmuyoruz, cevap da vermiyoruz. Yani Kur'ân ve zikir keli-
melerinin dışında bir şey ağzımızdan çıkmıyor.

Dahası, gözümüze, kulağımıza da bir çeşit oruç tutturuyo-
ruz. Çirkin görüntülerden gözümüzü çevirdiğimiz gibi, sağa
sola dahi bakmıyoruz.

Aklımıza kötü şeyler getirecek seslerden ve müzikten kula-
ğımızı uzak tutuyoruz. Bunun için huzurlu bir namaz kılalım
diye sessiz ve sakin bir ortamı seçiyoruz.

Namazda bazı duygularımıza da oruç tutturuyoruz. Kötü şeyleri düşünmekten kendimizi alıkoymaya çalışıyoruz. Böylece beynimize, düşüncemize oruç tutturuyoruz.

Hayalimizi de kendi haline bırakmıyoruz. Namazın huzuruna aykırı yanlış şeyleri hayal etmekten kendimizi çekip çeviriyoruz.

Bütünüyle başaramasak da en azından hayalimizi kendi haline bırakmıyoruz. Bu durumda hayalimiz de oruç tutuyor.

Gerçekten namazda iken mükemmel bir oruç tutuyoruz.

Namazda zekât veriyoruz

Nasıl mı?

Zekât, Allah'ın verdiği nimetlerin bir kısmını Allah yolunda harcamaktır. Bundan dolayı sadece servetin ve malın

zekâtı verilmez. Sağlıklı olmak, sağlam bir vücuda sahip olmak da bir nimettir. Bu vücut nimetini Allah'ın emrettiği biçimde kullanmanın en iyi yolu namazla gerçekleşir.

Namazda ayakta dururken, eğilirken, secdeye varırken, otururken, hep bir emri yerine getiriyoruz. Böylece namazın içinde zekât da yer almaktadır.

Namazda hacca gidiyoruz

Hac mı dediniz?

Hac ibadetinin önemli bir şartı Kâbe'yi tavaf etmek, etrafında dönmektir, o tarafa yönelmektir. Biz namaza dururken kıbleye dönüyoruz? Kıble de Kâbe tarafı olduğuna göre, namazın içinde aynı zamanda hac ibadeti de bulunmaktadır.

Namazda Kur'ân okuyoruz

Kur'ân okumak önemli bir ibadet, sevaplı bir iştir. Namazın farzlarından birisinin kıraat, yani Kur'ân âyetlerinden bir miktar okumak olduğunu biliyoruz.

Bir defa, Fatiha'yı namazın her rekâtında okuyoruz. Fatiha'dan sonra da isteyen istediği kadar Kur'ân'dan sûre ve âyetler okuyabiliyor. Bu durumda namazın içinde Kur'ân okuma ibadeti ve sevabı da yer alıyor.

Bunlar gibi bütün ibadetler namazın içinde bulunmaktadır. Namaz kılan insan "Ben bütün ibadetlerimi yapıyorum" dese, yalan söylemiş olmaz.

(Dokuzuncu Söz'den)

NAMAZDA BÜTÜN VARLIKLARI
TEMSİL EDİYORUZ

Namazda birçok varlığın ibadetini temsil ediyoruz. Yani namazdaki duruşlarımızda ve hareketlerimizde bazı varlıkların duruşlarını ve görünüşlerini ifade ediyoruz.

Namazda belli başlı duruşları hatırlayalım:

Kıyam, rükû, secde, ka'de. Yani, ayakta durmak, rükûa eğilmek, secdeye varmak, diz üstü oturmak.

Sadece biz mi ayakta duruyoruz?

Bütün bitkiler, ağaçlar sürekli biçimde ayakta duruyorlar. Onlar da Yaratıcılarının emrinde çalışıyorlar. Allah'ın kendileri için çizdiği programı uyguluyorlar.

Ağaçlar meyve, bitkiler sebze vererek görevlerini yerine getiriyor, kendi dillerine göre Allah'a ibadet ediyorlar, hep ayakta durarak... Bizim namazda ayakta durduğumuz gibi...

Bu durumda biz namazda kıyamda iken bitkilerin duruşunu sembolize ediyoruz, onları temsil ediyoruz.

Bu bir.

İkincisi: Rükûa eğilmemiz. Başta koyun, keçi gibi evcil hayvanlar, kurt, geyik gibi yabani hayvanlar dört ayaklı olduklarından sürekli rükûda durur gibi görünüyorlar, başları ve ağızları yere eğik olarak...

Hayvanlar çeşitli yönlerden insanlara hizmet ederek görevlerini yapıyorlar, kendilerine göre bir dille de Rablerini tanıyorlar, tanıtıyorlar.

Böylece insan rükûa eğilerek dört ayaklı hayvanların duruşlarını temsil ediyor.

Üçüncüsü Secde. Hangi tür hayvanlar sürekli secde halindeler? Hemen aklımıza sürüngenler ve balıklar geliyor değil mi? Yılanlar, kertenkeleler, kaplumbağalar hep secde halindeler. Allah onları öyle yaratmış.

Kendilerine verilen görevi hep o şekilde yapıyorlar. Ve yine kendilerine öğretilen dille Rablerini anıyorlar. İnsan da onların her iki halini temsil ediyor.

Dördüncüsü namazdaki oturuş. Hani diz üstü oturuyoruz ya!

Hiç yerinden kıpırdamadan sürekli oturan varlık hangisidir dense, sanıyorum hemen dağ diyeceksiniz. Evet, dağlar hep oturuyorlar, bizim namazda oturuşumuza benzer bir biçimde...

Dağlara o kadar görev verilmiş ki, saymakla bitmez. Bütün kaynak suların, madenlerin, doğal gazların deposu. Denizin karaları basmasını önleyen birer set. Havayı tarayıp temizleyen kocaman birer tarak. Dünyanın dengesini sağlayan bir denge merkezi... Pek çok bitki ve hayvanın barınağı. Daha neler, neler?

İşte biz namazda otururken bir yerde dağların duruşlarını temsil ediyor, taklit ediyoruz. Onların ibadet şekillerini halimizle gösteriyoruz.

Daha bunlar gibi namazımızda pek çok varlığın ibadet tarzını hal ve hareketlerimizle ifade etmiş oluyoruz.

Ağacından böceğine, kurdundan kuşuna, ineğinden sineğine, dağından tepesine varıncaya kadar bütün dünya ile birlikte namaz kılıyoruz. Birlikte Allah'a kulluk ediyoruz.

Bütün varlıklarla aynı safta durarak arkadaş ve kardeş oluyoruz.

(Dokuzuncu Söz'den)

ÇİRKİN NASIL GÜZEL OLUR?

"Her şeyde, hatta en çirkin görünen şeylerde hakikî bir güzellik yönü vardır."

Kar, dolu, fırtına, sisli bir hava, çamurlu ve soğuk bir gün, karanlık ve dondurucu bir gece... Hiç sevmeyiz değil mi?

Neden? Çünkü çirkin.

Niye çirkin? Bizi üşüttüğü için.

Öyle ise bahar da çirkin.

Niçin çirkin? Karlı ve soğuk günlerin ardından geldiği için...

Bu söz ne kadar yanlış değil mi?

Çünkü kış olmazsa bahar gelmez. Kar, dolu, yağmur yağmazsa toprak suya kanmaz, hiçbir bitki ve tohum yeşermez. Çiçekler ve ağaçlar açmaz.

Demek ki, bahar kış perdesinin arkasında gizlenmiş. Karın altında sıcak ve şirin bir yaz güzelliği saklanmış...

Çöle kar yağar mı? Yağmaz. Yağmur hiç yağmaz. Bir tek dolu düşmez. Çamur ve soğuk da olmaz. Bunun için çöle bahar gelmez. Ne yeşillik olur, ne bir ağaç yetişir, ne de bir çiçek açar. Kupkurudur, sıcak ve boğucu. En küçük bir hayat izine bile rastlanmaz.

Buraya bir cümle koyalım:

Baharın güzelliği kışın soğuğundan çıkar.

***

Hayvan gübresini hepiniz bilirsiniz. Keçinin, koyunun, ineğin dışarı çıkardıkları maddeyi. Çirkin, pis ve kötü değil mi? Adı üstünde gübre. Fakat adı ve görüntüsü sizi yanıltmasın, peşin bir hükme iletmesin.

Onun pisliğini ve çirkinliğini temizliğe ve güzelliğe dönüştürmek çok kolay. Kötü kokusunu mis kokusuna çevirmek basit. Görüntüsünü değiştirmek çok zahmet istemez.

Nasıl mı?

Bir kürek gübreyi götürür bir çilek bitkisinin dibine koyarsanız, fazla bir zaman geçmeden ağzınızı sulandıran bir çilek olarak size döner.

Bir gül ağacının dibine dökün bir miktar, birkaç hafta sabır ederseniz rengi ve kokusu gözünüze ve burnunuza bahar kokusunu taşır.

İri ve sulu elma yemek istiyorsanız, elma ağacını gübresiz bırakmayacaksınız.

Hani gübre çirkin ve pisti, kaldı mı çirkinliği?

Buraya bir cümle koyalım:

Güzel çirkinle ayaktadır.

***

Öyle bir an gelir ki, açlığınızdan diziniz kırılır, takatiniz kesilir, yürüyemez hale gelirsiniz.

Öyle zamanlar olur ki, susuzluktan bayılacak hale gelirsiniz. Ağzınız kurur, dudaklarınız birbirine yapışır.

Öyle bir an yaşarsınız ki, uyku gözünüzden akar, gözünüz kan çanağına döner, biber konmuş gibi yanar.

Bu halleri hangimiz severiz? Hiçbirimiz. Bu durumlar güzel mi, hoşumuza gider mi? Gitmez, çünkü çirkin ve kötü, acı ve ıstırap vericidir.

Öyle ise, acıkmasak yemek yeme lezzetini, susamasak su içme zevkini, uykusuz kalmasak uykunun tadını alabilir miydik?

İlk anda çirkin ve kötü gördüğümüz bu durumlar olmasaydı, bu nimetlerin değerini ve güzelliğini nasıl anlayacaktık?

Bir de açlık, susuzluk ve uykusuzluk duygumuz kalmasa, bir hastalık sonucu bu duyguları kaybetmiş olsak, daha çirkin ve kötü olurdu değil mi? Bedenimiz gıdasız, vücudumuz yorgun ve halsiz düşerdi.

Şimdi düşünelim, açlık mı güzel, yemek yemek mi, güzel?

İkisi de güzel...

Buraya bir cümle koyalım:

Tokluk lezzeti açlık acısından geçer.

Şöyle mi dememiz gerekiyor?

Güzelin güzelliği, çirkinin çirkinliğinde gizlidir.

Şunu anlıyoruz: Allah her şeyi güzel yaratmış. Bazısı doğrudan güzel, perdesiz güzel; bazısı da dolaylı güzel, perdeli ve gizli güzel. Önemli olan gizli güzelliği bulmak.

Şu cümleleri de ekleyelim bu konuda, daha iyi anlaşılması için meselenin...

Bir kısım olaylar var ki, görünüşü, dış yüzü çirkin ve karışıktır, fakat o görünen perde arkasında çok parlak güzellikler ve intizamlı işler saklıdır.

(Onsekizinci Söz'den)

İMAN BİR NURDUR,
İNSANI AYDINLATIYOR

Hayalî bir vakada gördüm. İki yüksek dağ var. Birbirine karşı duruyor. Üzerine müthiş bir köprü kurulmuş. Köprünün altında çok derin bir dere.

O köprünün üstünde bulunuyorum. Dünyayı ve her tarafı koyu bir karanlık kuşatmıştı.

Sağ tarafıma baktım, uçsuz bucaksız bir karanlık içinde büyük bir mezar gördüm. Öyle hayal ettim. Sol tarafıma baktım, müthiş karanlık dalgalar içinde korkunç fırtınalar, gürültüler, felâketler hazırlandığını görüyor gibi oldum. Köprünün altına baktım, çok derin bir uçurum görüyorum sandım.

Bu müthiş karanlığa karşı zayıf yanan bir cep fenerim vardı. Onu kullandım. Yarım yamalak ışığıyla baktım, müthiş bir vaziyet bana göründü. Hatta önümdeki köprünün başında ve etrafında öyle müthiş ejderhalar, arslanlar, canavarlar göründü ki, Keşke bu cep fenerim olmasaydı, bu dehşetleri görmeseydim dedim. O feneri hangi tarafa çevirdimse öyle dehşetler aldım, "Eyvah! Şu fener başıma belâdır"dedim.

Kızdım, o cep fenerini yere çarptım, kırdım. Güya onun kırılması dünyayı ışıklandıran büyük bir elektrik lâmbasının düğmesine dokunmuşum gibi, birden o karanlık boşandı. Her taraf o lâmbanın ışığıyla doldu. Her şeyin hakikatini gösterdi.

Baktım, o gördüğüm köprü çok muntazam bir yerde ova içinde bir caddedir. Sağ tarafımda gördüğüm büyük mezarı, baştan başa güzel, yeşil bahçelerle nurlu insanların idaresinde ibadet, hizmet ve sohbet ve zikir meclisleri olduğunu fark ettim.

Sol tarafımda fırtınalı, tehlikeli sandığım uçurumlar, tepeler ise süslü, sevimli ve çekici olan dağların arkalarında bir ziyafet yeri, güzel bir gezi alanı, yüksek bir mesirelik bulunduğunu hayal meyal gördüm.

O müthiş ejderhalar, canavarlar sandığım yaratıklar ise deve, öküz, koyun ve keçi gibi evcil hayvanlar olduğunu gördüm. "İman nuru için Elhamdülillah" dedim.

"Allah iman edenlerin dostu ve yardımcısıdır. Onları inkâr karanlıklarından kurtarıp hidayet nuruna kavuşturur" âyetini okudum, ayıldım.

İşte o iki dağ hayatın başlangıcı ve sonudur.

Yani dünya ve âhiret âlemi.

O köprü hayat yoludur.

Sağ taraf geçmiş zaman, sol taraf gelecek zamandır.

Cep feneri, bencil ve bilgiçlik taslayan ve Kur'ân'ı dinlemeyen insanın gururudur.

O canavar sanılan şeyler ise, dünya olayları ve acayip varlıklardır.

İşte sadece kendi bilgisine güvenen, gaflet karanlığına düşen, inançsızlık dehşetine kapılan adam o olaydaki ilk halime benzer.

O cep feneri sayılan eksik ve inançsızlıkla dolu kuru bilgilerle geçmiş zamanı bir büyük mezar şeklinde ve karanlıklar içinde görüyor. Gelecek zamanı, çok fırtınalı ve tesadüfe bağlı bir vahşet yurdu gösterir. Her biri Allah'ın emri altında hareket eden olaylar ve varlıkları zararlı bir canavar şeklinde bildirir.

"İnkâr edenlerin dostu ise tâğutlardır. Onları iman nurundan yoksun bırakıp inkâr karanlıklarına sürükler." âyetinin içine girer.

Eğer Allah'tan hidayet yetişse, iman kalbine girse, nefsin azgınlığı kırılsa, Allah'ın kitabını dinlese, o olaydaki ikinci halime benzeyecek.

O vakit birden kâinat gündüz rengini alır, Allah'ın nuru ile dolar. "Âlem Allah göklerin ve yeri nurudur" âyetini okur.

O vakit geçmiş zaman bir büyük mezar değil, her bir asır bir peygamberin veya bir velinin manevî idaresi altında kulluk görevini yerine getirirler. Güzel ruhlu toplulukların dünyadaki hayatlarını bitirirler "Allahü Ekber" diyerek yüce makamlara uçarlar, ileriye geçerler. Bunu kalb gözüyle görür.

Sol tarafına bakar, dağlar büyüklüğünde kabir ve âhiret kapısını açacak değişkenlikleri görür (kıyametin kopması, insanların tekrar dirilip mahşer yerinde toplanmaları gibi). Cennet bahçelerinde saadet saraylarında kurulmuş olan İlâhi ziyafetleri iman gözüyle görür.

Fırtına, deprem ve veba gibi musibetleri Allah'ın izniyle hareket eden birer memur olarak görür. Çünkü bu musibetlerin arkasında çok büyük saadet ve lezzetler vardır ve gizlidir.

Bahar fırtınası ve yağmur gibi olayları görünüşte sert ve sevimsiz, fakat aslında çok tatlı sonuçları doğurduğunu görür. Hatta ölümü sonsuz hayatın başlangıç noktası olarak görür. Kabri ise saadet yurduna açılan bir kapı olarak görür.

Evet, İman nasıl ki bir nurdur, insanı ışıklandırıyor, üstünde yazılan bütün İlâhî mektupları okutturuyor. Öyle de kâinatı dahi ışıklandırıyor, geçmişi ve geleceği karanlıklardan kurtarıyor.

(Yirmiüçüncü Söz'den)

TEVEKÜL NE DEMEK, NASIL OLUR?

"İman hem nurdur, hem kuvvettir. Evet, hakiki imanı elde eden adam kâinata meydan okuyabilir. Ve imanın kuvvetine göre olayların baskısından kurtulabilir. Allah'a tevekkül ettim," der.

Tevekkül nedir, nasıl olur?

Bir hikâyecik.

Bir zamanlar iki adam hem sırtlarına, hem başlarına ağır yükler yüklerler ve birer bilet alarak büyük bir gemiye binerler.

Birisi girer girmez yükünü gemiye bırakır, üstüne oturur, eşyasını kontrolü altına alır. Öbürü ahmak ve gururlu olduğundan yükünü gemiye bırakmaz.

Ona denildi:

"Sırtındaki ağır yükü gemiye bırak da rahat et."

Adam oralı olmadı, dedi ki:

"Hayır, ben bırakmayacağım, belki kaybolur. Ben güçlüyüm, malımı sırtımda ve başımda tutarak koruyacağım."

Ona tekrar dediler:

"Bizi ve sizi taşıyan padişahın bu gemisi kuvvetlidir. Malını daha iyi korur. Belki başın döner, yükünle beraber denize düşersin. Hem gittikçe kuvvetten düşersin. Şu bükülmüş belin, şu akılsız başın, gittikçe ağırlaşan şu yüklere dayanamayacak. Kaptan da seni bu halde görse, 'Ya delidir' diye seni kovacak, 'Ya haindir, gemimizi suçluyor, bizimle alay ediyor, hapsedilsin' diye emredecektir.

"Hem herkese maskara olursun. Herkes sana bakıyor. Böbürleniyorsun, ama çaresizsin. Gururlusun, ama âcizsin. Yapmacık hareketinle gösteriş yapıyorsun. Gülünç duruma düştün. Herkes sana gülüyor."

Bunun üzerine aklı başına geldi. Yükünü yere koydu. Üstüne oturdu. "Oh! Allah razı olsun, zahmetten, hapisten ve maskara olmaktan kurtuldum" dedi.

İşte Allah'a tevekkül eden ve etmeyen adamın durumu böyle...

Bizim durumumuz nasıl?

Bizler ise, sıkıntılar, dertler, hastalıklar, musibetler denizinin tam ortasındayız. Hayat gemisine binmiş yol alıyoruz. Sayılı günler bitinceye kadar bu yolculuğumuz devam edecek.

Öyle zaman olur ki, hayat çekilmez bir hal alır. Bazı anlar gelir, tıknefes oluruz, burnumuzdan bile zor nefes alırız. Gecemizi gündüzümüze katar çalışırız, çabalarız, uğraşırız, didiniriz, ama istediğimizi elde edemeyiz.

Dertlerin biri biter, diğeri başlar. Bir hastalıktan kurtulurken çok geçmeden bir başka hastalık kapımızı çalar.

Gün gelir açtığımız telefonlar yüzümüze kapanır, çaldığımız kapılar duvar olur. Elimiz böğrümüzde ortada kalıveririz.

Okul, dersler, sınavlar, maddî sıkıntılar, anlaşmazlıklar, geçimsizlikler

birbiri ardı sıra gelir. Çaresiz, eli boş, cebi boş, çantası boş bir duruma düşeriz.

İşte bütün bu çıkmazlarda, açmazlarda ve çözümsüzlüklerde bir şeyi unutmuşuz, ama farkında değiliz. Nedir o?

Tevekkül. Gemideki adam örneğinde olduğu gibi, sırtımızdaki, başımızdaki, elimizdeki ağırlıkları, yükleri indirip, üzerine oturmak...

Bir insan olarak elimizden geleni yaptık mı, üzerimize düşen görevleri yerine getirdik mi, bütün kapıları çaldık mı, her yola başvurduk mu, bıkmadan, usanmadan, bezginlik, yılgınlık göstermeden çalıştık mı?

İşte bütün bunlardan sonra yapılması gereken tek bir şey kalıyor: Sonucu Allah'a bırakmak, başarıyı Allah'tan beklemek, sadece ve sadece ona minnet duymak.

Diyelim ki, her şey istediğimiz gibi mi sonuçlandı, şükrederiz; tersi mi oldu, sabrederiz. Çünkü bize düşen sadece elimizden geleni yapmaktır.

Tevekkül öncesi sebeplere başvururuz. Bu davranış bir çeşit duadır; fiilî bir dua. Dille yapılan dua değil, bütün çaba ve gayretimizle yaptığımız bir dua bu...

Çiftçi örneğinde olduğu gibi. Çiftçi ne yapar? Tarlasını sürer, tohumunu serper, gübresini saçar, toprağı sular. Sonra ne yapar, sonucu Allah'tan bekler. O üzerine düşeni, fiilî duasını yapmıştır, sonucu Allah'tan beklemektedir. Allah dilerse, emeğini boşa çıkarmaz, bol ürün verir.

Dilerse tersi de olabilir. Kuraklık olur, sulayamaz; sel baskını olur, her şey sular altında kalır, bir tarım hastalığı gelir, attığı tohumu bile kurtaramaz. Üzülür.

Yalnız bu da bir sonuçtur. İlk anda zor gelir, ama bir de bakarsınız, bir başka yerden ummadığınız bir nimete konmuşsunuzdur.

Öğrencisiniz. Matematik yazılınız var. Dersi dikkatlice dinlediniz. Gece gündüz, tatil Pazar demediniz çalıştınız. Sınav günü geldi, sorular soruldu. Bir de baktınız ki, hep cevabını bildiğiniz sorular. Hepsini yaptınız. Beş numara aldınız.

İkinci yazılıya da aynı şekilde çalıştınız, ama bu sefer moraliniz bozuktu, canınız sıkkındı, başınız ağrıyordu. Soruların bir kısmını bildiğiniz halde yapamadınız, sınav iyi geçmedi. Fakat üçüncü sınav iyi geçti, tam puan aldınız. Karneyi alıp bir baktınız ki, matematik beş. Şaşırdınız. Çünkü beklemiyordunuz. Ne olmuş? Öğretmen kanaatini kullanmış...

Siz ne yapmıştınız? Elinizden geleni yapmıştınız, değil mi? Sonucu bekliyordunuz.

İşte kul da böyle. Görevini yapmalı, sonucu Rabbinden beklemeli. Hoşuna gitsin gitmesin sonuca razı olmalı. Çünkü insan ileriyi göremez, bilemez. Allah'ın takdirine rıza göstermelidir.

(Yirmiüçüncü Söz'den)

HER DUA KABUL EDİLİR Mİ?

Altı yaşındaki Ahmet'i annesi doktora götürür. Doktorun masasının üzerindeki ilâçta sevimli, sevinçli bir çocuk resmi görür. Hemen atılır:

"Doktor amca, bakar mısın?"

"Buyur çocuğum, bir şey mi istedin?"

"Evet, doktor amca, şu ilacı bana yazar mısın?"

"Bakayım, çocuğum yazmaya çalışayım?"

Doktor muayene eder, hastalığını teşhis eder. Ve reçeteyi yazmaya başlar.

Doktorun üç seçeneği vardır:

Birincisi: Çocuğun istediği ilâç tam hastalığı içindir, aynısını verir.

İkincisi: Çocuğun istediği ilâç hastalığına iyi gelmez, ondan daha faydalı başka bir ilâç yazar.

Üçüncüsü: Çocuğun istediği ilâç hastalığına gelmez, hiç yazmaz.

Biz de Allah'a dua ederiz. Her şeyi Ondan isteriz. Çünkü her şey Onun, Ondan geliyor. O yaratmış, O hazırlamış. Bize sadece istemek düşüyor.

İsteriz istemeye de, her istediğimiz elimize geçmez. Bu durumda duamız kabul edilmemiş mi oluyor?

Hayır!

Duada iki önemli kelime var: Biri cevap vermek, diğeri kabul etmek.

Cenab-ı Hak yaptığımız her duaya cevap veriyor. Nasıl mı? Çocuğun doktora seslenmesi, doktorun da çocuğa buyur demesi gibi...

Ama her duamızı kabul etmiyor. Örnekte, çocuğun istediği ilâcı doktorun hemen vermediği gibi...

Demek ki, cevap vermek ayrı, kabul etmek ayrıdır.

Bir kere insan dua etmekle kendini Allah'ın huzurunda hissediyor. Dua ettiği zaman sesini işiten, yalnızlığını gideren birisinin varlığını bilmekle rahatlıyor.

Ancak istediğimizin aynısını vermiyor.

Neden mi?

Çünkü Cenab-ı Hak bizi bizden daha iyi biliyor.

Bir defa biz geleceği bilmiyoruz. Yarın ne olacak, hatta bir saat, bir dakika, bir saniye sonra başımıza neler gelecek bilemiyoruz, bilmiyoruz. Bütün bunları Allah biliyor.

Bunun için bizim hayrımıza, faydamıza, menfaatimize hangisi uygunsa Allah onu veriyor.

Şöyle ki: Duada istediklerimiz bizim hayrımızadır, Allah aynısını verir. Bazen olur, istediğimizden daha önemli bir şey vardır, onu verir. Yani daha iyisini verir. Yahut istediğimiz zararımızadır, hiç vermez.

Bunun için Allah'ın verdiğine razı olmalı, şükretmeli, şikâyette bulunmamalı.

Hiç vermeyince dövünüp durmaya, ağlayıp sızlamaya, şikâyet etmeye hakkımız yok.

Bu konuda Kur'ân dan güzel örnek verilir:

Bir aile Allah'tan bir erkek evlât ister. Cenab-ı Hak ona Hazret-i Meryem gibi bir kız evlâdı verir. Duası kabul olunmadı denmez. "Daha iyi bir şekilde kabul edildi" denir.

Bilindiği gibi, Hazret-i Meryem'in annesi Allah'tan bir erkek evlât istemişti. Onu Mescid-i Aksâ'da Hz. Zekeriyya'nın hizmetine verecekti.

Çocuk oldu, ama erkek değil, kızdı. Öyle bir kız ki, Hazret-i İsa gibi bir büyük peygambere anne oldu. Ve adı Kur'ân'da geçen tek kadın...

Bazen insan dünyadaki bir ihtiyacı için dua eder, Allah bu duayı onun ahireti için kabul eder.

Bu duayı Allah reddetti, kabul etmedi denilmez.

Ya ne denir?

Daha iyi bir şekilde kabul etti denir.

Çünkü dünya nimetleri geçici, ahiret nimetleri kalıcı ve sonsuzdur...

NİÇİN DUA EDERİZ?

Dua, namaz gibi, oruç gibi bir ibadettir.

Namazı işimiz rastgitsin diye mi kılıyoruz, orucu sağlıklı bir bedene sahip olalım diye mi tutuyoruz?

Tabiî ki, hayır!

Ya niçin yapıyoruz bu ibadetleri?

Öncelikle Allah emrettiği için değil mi?

Sonucu nedir? Allah'ın sevgisini ve rızasını kazanmak.

Bir başka deyişle ibadetler herhangi bir çıkar, menfaat ve maddî beklentiler için yapılmaz. Çünkü sonucunda sevap vardır. Sevabın verileceği, ücrete dönüşeceği yer ise âhirettir.

Ama bir sebep ve bir beklenti içinde olmadan da dua yapılmıyor ki...

Öyle ise dua yapmamıza sebep olan şeyler ve beklentiler o duanın yapılma zamanıdır. Sebepler ve beklentiler asıl amaç değildir.

Meselâ, kuraklık olur, yağmur yağmaz. İşte bu sırada yağmur duasına çıkılır. Şehrin dışında geniş bir alanda dua yapılır.

Bu dua niçin yapılır?

Yağmuru getirmek için değil herhalde...

Ya niçin yapılır?

Havanın kurak gitmesi ve yağmurun yağmaması o duayı yapmanın vaktidir de onun için yapılır.

Kuraklık yağmur duası ibadetinin vaktidir. Yağmur duası ancak böyle bir vakitte yapılır.

Sadece yağmurun yağması için bu dua yapılırsa, bu iş ibadet olmaktan çıkar, kabul da olmaz. Çünkü iyi niyet gitmiş, yerine dünya çıkarı gelmiştir.

Eğer Cenab-ı Hak yağmur gönderirse, dua aynen kabul olmuş demektir. Duanın da vakti bitmiştir. İstenen yerine gelince artık aynı duayı yapmaya gerek kalmaz.

Fakat yağmur duası yapıldığı halde hâla yağmur yağmamışsa, demek ki duanın vakti bitmemiştir. Duaya devam etmeli.

Güneş ve Ay tutulduğu zaman da Küsuf ve Husuf namazı adında namazlar kılınır.

Bu namaz güneşin ve ayın açılması için mi kılınır?

Hayır!

Çünkü Güneşin ve Ayın ne zaman tutulacağı, ne zaman açılacağı günü gününe ve saati saatine bellidir. Rasathaneler bu bilgileri yıllar öncesinden veriyor, takvimler de yazıyor.

Demek ki, Güneşin ve Ayın tutulması bu namazların kılınma vaktidir. Güneş ve Ay açılınca böyle bir namaz kılınmaz. Çünkü maksat yerini bulmuştur.

Yine başımıza gelen belâ, musibet ve hastalıklar bazı özel duaların vaktidir.

İnsan ne yapar?

Âcizliğini, zayıflığını, güçsüzlüğünü ve halsizliğini dile getirir, her şeye güç yetiren, her şeyin dizgini ve anahtarı yanında olan Rabbine yönelir, ona sığınır, şifayı, devayı ve huzuru ondan ister.

Zaten asıl maksat da budur. Bu vesile ile Allah'a yönelecektir.

O kadar dua edildiği halde belâ gitmez, musibetler kalkmaz, hastalıklar geçmezse; ne yapılır? Duaya devam edilir. Musibet geçinceye, dertler bitinceye kadar...

Sonuç:

Biz sadece Ondan isteriz, Ona el açarız, Ona dua ederiz, Ona sığınırız. Neticeyi, sonucu Ona bırakırız. Ona güvenir, Ona dayanırız. O bizi bizden daha iyi biliyor, bizi bizden daha çok seviyor. Zaten kulluk da bunu gerektirir.

Duanın en güzel, en lâtif, en lezzetli, en hazır meyvesi, neticesi şudur:

Dua eden adam bilir ki, Birisi var. Onun sesini dinler. Derdine derman yetiştirir. Ona merhamet eder. Onun kudret eli her şeye yetişir.

Bu büyük dünya hanında o yalnız değildir. Bir Kerîm Zat var, ona bakar, ünsiyet eder, yakınlık gösterir. O insanın sınırsız ihtiyaçlarını yerine getirebilir. Sayısız düşmanlarını ondan uzaklaştırır.

Böyle bir Zatın huzurunda kendini düşünerek bir sevinç, bir rahatlık, bir huzur duyar. Dünya kadar ağır bir yükü üzerinden atar, "Elhamdülillah" der.

(Yirmiüçüncü Söz'den)

BİR ÇİÇEKTEN
CENNETE UZANAN İSTEKLER

"İnsan bir çiçeği istediği gibi, koca bir baharı da ister.
Bir bahçeyi arzu ettiği gibi, ebedî cenneti de arzu eder."

Dünya insanı doyurmuyor, değil mi? Ne verseler, "Daha yok mu?" deriz.

Neye sahip olsak, hep bir fazlasını isteriz.

Neyimiz olsa daha çoğunu arzu ederiz.

Hani Peygamberimiz buyurmuş ya: "İnsana bir vadi dolusu altın verilse, iki vadi dolusu altın ister. İnsanın gözünü ancak bir avuç toprak doldurur."

Deseler ki, "Sana İstanbul'un bir semtini vereceğiz" yok demeyiz.

İstanbul'u bağışlasalar da reddetmeyiz.

Türkiye'yi tapu etseler yine hayır demeyiz.

Dünyayı armağan etseler, diğer gezegenlerde bile gözümüz kalır.

İnsan dünyaya sığmıyor, dünya insana yetmiyor.

Neden mi, dersiniz.

Çünkü insan bitmeyeni, tükenmeyeni, sonu olmayanı arzu ediyor da ondan.

Ruhuna sonsuzluk duygusu yerleştirilmiş de ondan.

Fani, geçici, zamanla sınırlı hayatla yetinmiyor da ondan...

Bir çiçeği istiyoruz, yetmiyor, bir bahçeyi istiyoruz, o da yetmiyor, bir baharı arzu ediyor, o da tatmin etmiyor, Cenneti istiyoruz, onunla da yetinmiyoruz, bütün bu güzellikleri veren Rabbimizin nur cemalini görmek istiyoruz?

Bu isteklerimizi kim gerçekleştirecek?

Bir başka şehirde yaşayan bir yakınımızı görmek için gitmeyi candan isteriz.

Bir başka ülkede kalan sevdiğimiz bir insanı ziyaret etmek için seyahate çıkmayı arzu ederiz.

Hele annemiz, babamız veya oğlumuz, kızımız oralarda ise aklımız hep orada olur, hiç o oradan gelmez. Bir an önce biz de oraya gitmek isteriz. Bunu gerçekleştirmek için imkânlarımızı zorlarız, bir şekilde gideriz.

Ya sevdiklerimizin yüzde doksan dokuzunun bulunduğu yere gitmeyi nasıl isteriz? Öyle değil mi?

Başta yüz yirmi dört bin peygamber olmak üzere sevdiğimiz, görmek için can attığımız yüz binlerce sahabi, milyonlarca İslâm büyüğü, milyarlarca mü'min öbür âleme, kabrin arka tarafına göçmüşler.

Bizi bu sevdiklerimize kim kavuşturacak?

Bizi bu insanlarla kim buluşturacak?

Öbür âleme, sonsuzluk ülkesine bizi kim ulaştıracak?

Evet, öyle bir güç lâzım ki, dünya kapısını kapatsın, âhiret kapısını açsın, dünyayı kaldırıp âhireti yerine koysun.

Böyle bir güçten başkası bu işleri yapamaz.

Böyle bir güçten başka bir güç bize istediklerimizi veremez.

Böyle bir güçten başkası bizi sevdiklerimize ulaştıramaz.

Dünyayı kim yaratmışsa, kıyameti getirecek olan da Odur.

Kıyameti kim gerçekleştirecekse âhireti getirecek de Odur.

Çünkü bizim sonsuz ihtiyaç ve arzularımızı ancak sonsuz gücü olan Birisi verebilir.

İşte bizim böyle bir Allah'ımız, böyle bir Rabbimiz, böyle bir Yaratıcımız var.

Her şey Onun. Her şeyin dizgini ve anahtarı Onun elinde.

Her şeyin hazinesi Onun yanında.

Her şeyin yanında hazır.

Her şey Onun gözetimi altında.

Onda yapamama, yerine getirememe, güç yetirememe gibi bir acizlik, bir noksanlık, bir eksiklik olmaz ve düşünülemez de...

Böyle bir Allah'a kulluk yapılmaz mı?

Böyle bir Allah'a yaklaşmak için sevgisi kazanılmaz mı?

Böyle bir Allah'ın huzurunda eğilmek gerekmez mi?

Böyle bir Allah'ın önünde secdeye varılmaz mı?

Böyle bir Allah'ın sevdiği ve sevmemizi istediği en güzel insan Peygamber Efendimiz sevilmez mi?

Böyle bir Allah ile birlikte olmak için ne yapılmaz ki?

(Yirmiüçüncü Söz'den)

ÇOK GÜÇLÜYÜZ, ÇOK ZAYIFIZ

"İnsan şu kâinat içinde çok nazik ve nazlı bir çocuğa benzer. Zayıflığında büyük bir kuvvet ve acizliğinde büyük bir kudret vardır."

İnsan kaç yaşında olursa olsun her zaman çocuktur.

Hepimizin içinde bir çocuk var. Yani bu, üç yaşında, aklı bir şeye ermeyen çocuk değil. Kendi işlerini kendisi yapamayan çocuk demektir.

Bu yaştaki bir çocuk yardıma, desteğe, ilgiye, korumaya ve korunmaya muhtaçtır. Çünkü zayıf, güçsüz ve çaresizdir.

Bu hallerini ne kadar güzel dile getirir değil mi? Susamıştır, gidip kendisi su içebilir mi? Hayır. "Suuuu!" diye seslenir.

Annesi, babası en derin uykuda bile olsa hemen uyanır, bir bardak su verir. Çocuğun su ihtiyacını anında karşılar.

Acıkınca ne yapar?

Ağlar, sızlar, hatta elinden gelen yaramazlığı yapmaktan geri kalmaz.

Annesi de en önemli işlerini bırakır, yemeğini hazırlar, hemen karnını doyurmaya koşar.

Bir başka zaman gider, oynar, zıplar, üstünü başını kirletir. Kendi temizliğini kendisi yapamaz Elbisesini, çamaşırını değiştiremez. O haliyle gezinir durur. Acındırır kendini.

Anne hemen harekete geçer, yıkar, temizler, giyeceklerini değiştirir.

Bir de koşarken düşmeye görsün? Dizi yaralanır, dirseği kanar, eli kolu acır. Başlar ağlamaya, ortalığı ayağa kaldırmaya.

Çocuk böylece ne yapıyor? İmdat çığlığı atıyor, annesini, babasını, yakınlarını yardıma çağırıyor, değil mi?

Anne anında imdada koşar, hemen gider kucaklar, öper, sever, susturur; acılarını dindirmeye, kanını durdurmaya, yarasını sarmaya başlar.

Böyle bir halde iken çocuğun yakınları olmasa bile, o sesi kim duysa dayanamaz, hemen çocuğun yardımına koşar.

Çocuk zayıflığı, güçsüzlüğü ve çaresizliği ile öyle bir güç kazanmıştır ki, en kuvvetli insanları bile yardımına ve hizmetine koşturuyor. Onların şefkatini, korumacılığını öne çıkarıyor.

Öyle ki, küçücük parmağıyla pehlivanları, kahramanları emrinde çalıştırıyor.

Şimdi bu çocuğun aklı erse de, dese ki: "Ben kendi gücümle, kuvvetimle annemi, babamı ve yakınlarımı peşimde koşturuyorum. Ben ağlayınca bir gelmesinler de göreyim..."

Ne olur?

Azarlanır, susturulur değil mi?

İşte insan da böyle. Biz güçsüz, aciz, zayıf ve çaresiz olduğumuz için bu kâinat emrimize verilmiş.

Güneş emrimizde bir lâmbamız ve sobamız.. Sebzelerimizi, meyvelerimizi pişiriyor.

Dünya emrimizde, denizi, toprağı, dağı, taşı, ırmağı ve her şeyiyle bize hizmet ediyor.

Ay emrimizde, bir kandilimiz, gecemizi aydınlatıyor, takvimlik görevi yapıyor.

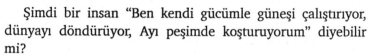

Hava, su, toprak, bütün elementler bize çalışıyor.

Şimdi bir insan "Ben kendi gücümle güneşi çalıştırıyor, dünyayı döndürüyor, Ayı peşimde koşturuyorum" diyebilir mi?

Derse, ne kadar gülünç bir duruma düşer değil mi?

Demek ki, acizliğimiz, zayıflığımız, çaresizliğimiz ve güçsüzlüğümüz Cenab-ı Hakkın rahmetini ve şefkatini üzerimize çekmiş.

Yoksa zorla, baskı kurarak bu âlemi emrimize almış değiliz.

Gözsüz bir akrebe, ayaksız bir yılana ve küçücük bir sivrisineğe mağlup olan bir insana, küçük bir kurt olan ipekböceğinden ipeği giydiren, zehirli bir böcek olan balarısından balı yediren, akılsız bir koyundan sütü içiren insanın kendi gücü ve kudreti değildir.

Ya nedir?

Sadece ve sadece Allah'ın ihsanı, ikramı ve lütfudur.

Bize ne düşüyor, ne kalıyor, ne yapmamız gerekiyor?

Kâinatın emrimize verildiğini bilmek, bütün nimetlerin Allah'tan geldiğini anlamak, Ona şükretmek, Ona ibadet ve kulluk etmektir.

Ve şu gerçekleri dile getirmektir:

"Benim Rahîm olan Rabbim, dünyayı bana bir ev yaptı. Ay ve Güneşi o evime bir lâmba, baharı bir deste gül, yazı bir nimet sofrası, hayvanları bana hizmetçi, bitkileri ve çiçekleri o evime süs ve ihtiyaç maddeleri yaptı."

Bütün bunlarla birlikte nefsimizi ve şeytanı dinlersek en aşağı hale düşeriz, Hakkı ve Kur'ân'ı dinlersek, yüceler yücesine çıkar, kâinatın güzel bir örneği oluruz.

(Yirmiüçüncü Söz'den)

ALLAH KORKUSU
NE DEMEK?

Allah'tan nasıl korkulur?

Allah korkulacak bir varlık mıdır?

Allah'tan niye korkalım?

Sevgi kadar korku da güzeldir, lezzet verir.

Sevgi kadar korku da insanı sevince atar.

Ama nasıl korku bu?

Sevdiğimiz birinden korkmamız ve korku duymamız gibi...

Eğer bir yaşındaki bir çocuğun aklı bulunsa ve ondan sorulsa, "En lezzetli ve en tatlı halin nedir?"

Belki diyecek: "Âcizliğimi ve zayıflığımı anlayıp annemin tatlı tokadından korkarak yine annemin şefkatli kucağına sığındığım haldir."

İnsanı şefkat kucağına, rahmet ocağına atan korku güzeldir, tatlıdır ve şirindir.

Bu korkunun adı korku değil, şefkate atılmak, merhamete sığınmaktır.

Oysa bütün annelerin şefkati Allah'ın rahmetinin sadece küçük bir pırıltısıdır.

Ne demek?

Meselâ, güneş ışığın kaynağıdır.

Işık nedir?

Nur olarak bildiğimiz manevî ışığın maddeye yansımasıdır. Demek ki, güneş, asıl olarak ışığını Allah'ın Nur isminden alıyor. Nur isminin tecelli etmesi, üzerinde yansımasıyla ışık kaynağı oluyor.

Bunun gibi Allah'ın Rahîm ismi de şefkatin, merhametin kaynağı, aslı ve esasıdır. Bu ismin annelerin kalbine yansımasıyla anneler birer şefkat ve merhamet kahramanı oluyorlar.

Sadece insan anneleri mi?

Hayır, yavrularını besleyen hayvan annelerindeki geçici şefkatin de kaynağı Rahîm ismidir.

Şu ifade yerindedir öyle ise:

"Allah'tan korkmak, Onun rahmetinin şefkatine yol bulup sığınmaktır."

Yani Allah'ın şefkatine sığınmak, Onun şefkat güvenliği içinde görmektir kendimizi...

Yoksa Allah, korkulacak, ürkülecek bir varlık değildir.

Allah'tan korkmanın diğer bir anlamı, Ona sonsuz bir saygı göstermektir.

Meselâ, kişiliği, ilmi, manevî yönü, taşımış olduğu makam, sahip olduğu mertebe ve konumu olan insanların huzurunda ve karşısında olduğumuzda içimizi sevinçle karışık bir ürperti ve korku sarar, değil mi?

Yüce Rabbimiz ise evrenin yaratıcısı ve sahibi, her şey Onun emrinde ve idaresinde.

Koca dünya, denizler, gökler, güneşler, aylar, yıldızlar, kudreti altında. En büyük varlıklar Onun emrinden çıkamaz, kaçamaz.

Biz de Onun bir kulu olarak büyüklüğü, azameti, izzeti ve yüceliği karşısında sevgi içinde bir ürperti ve korku duyarız. Bu korku bizi Ona yaklaştırır, Ona olan sevgimizin bir başka biçimde görüntüsü haline dönüşür.

Allah'ın rahmetine sığınmanın sonunda bitmez tükenmez ebedî bir mutluluk olan Cennet vardır.

Bunun yanında Onu dinlemeyen, isyan eden, emirlerine karşı gelen, yasaklarını çiğneyen zalim insanlar için de Cehennemi vardır, orada azabı ve gazabı vardır.

Biz de nefsimize uyup, şeytanın oyununa gelerek Allah'a âsi olmaktan, Onun azabına uğramaktan korkarız.

Meselâ devlet, polis, asker, güvenlik güçleri bizim rahatımız ve huzurumuzu sağlamak için vardır. Vatandaşı cezalandırmak ve işkence etmek için değildir.

Bir de devletten, polisten korkumuz vardır.

Niye?

Suç işler de ceza görürüz diye, kanunlara karşı gelmekten, polisin bizi takip etmesinden korkarız. Yoksa gerçek anlamda devlet ve polis korkunç bir kurum ve varlık değildir.

Bir de devletin büyüklüğü insanı mecburi bir saygıya götürür.

Diğer yandan Allah'tan korkan başka bir şeyden korkmaz. Çünkü her şey Allah'ın emri ve iradesi altındadır. Onun bilgisi ve isteği dışında hiçbir şey olmaz.

İnsan gerçek anlamda Allah'a bağlanırsa, diğer varlıklar, ne kadar korkunç, ne kadar tehlikeli ve ne kadar büyük olursa olsunlar bir zarar veremezler.

Allah'tan korkmanın bir başka boyutu da şu:

Bizi yoktan var eden, sayıya gelmez nimetler veren, bizi her zaman koruyan ve himaye eden Odur.

Onun sevgisini kaybetmekten, Ona olan yakınlığımızın azalmasından, bağlılığımızın zayıflamasından korkar, endişe ederiz.

Ayrıca bizi korkutan, zarar vermeye çalışan, başımıza belâ olan, bize düşman kesilen varlıkların ve düşmanlarımızın hakkından da ancak O gelir.

Böylece biz Onun büyüklüğüne ve azametine sığınarak rahatlarız ve huzur buluruz.

(Yirmidördüncü Söz'den)

KADERİ
NASIL ANLIYORUZ?

İnsanda cüz'i irade var. Basit istek, yapma niyeti, yapma eğilimi demektir.

İnsan bir şeyi yapmak ister, bir şeyi yapmaya niyet eder, birçok seçenek içinden birisini tercih eder, seçer. Allah da insanın tercih ettiği şeyi yaratır.

Meselâ, elimizi kaldırmak istedik diyelim. İndirmek değil de kaldırma tercihini yaptık, işte o anda Allah elimizi kaldırıyor.

Çünkü biz kaslarımıza, kanımıza, beynimize, hükmedemiyor, söz geçiremiyoruz. Bu yapma ve yaratma işini Allah yapıyor.

Elimizi kaldırdık ve karşımızdaki adamın suratına bir tokat indirdik.

Tokat vurmayı isteyen kim?

İnsan.

Tokadı, adamın suratına indirmeyi yaratan kim?

Allah.

Burada sorumlu kim? İnsan.

Yine elimizi kaldırdık, karşımızdaki arkadaşımızın yüzünü okşadık, ona olan sevgimizi ifade ettik.

Arkadaşımızın yüzünü okşamayı isteyen kim?

Biz.

Elimizi arkadaşımızın yüzüne dokunduran kim?

Allah.

Burada sorumlu kim? Biz.

Demek ki, biz ne istesek, hangi işi yapmayı tercih etsek o işi Allah yaratıyor. Ve yapılan işten sorumlu oluyoruz.

İşte Allah'ın bu yaratmasının adı kaderdir.

Allah dilimizi yaratmış. Dile konuşmayı da vermiş. Biz kötü söz söylemeyi tercih edince Allah o kötü sözü yaratıyor ve dilimizden dökülüyor.

İyi söz söylemeyi tercih edince de Allah o iyi sözü yaratıyor ve o da dilimizden dökülüyor.

Kötü söz söyleyince sorumlu biziz. İyi söz söyleyince de sevilen biziz

Kader nedir?

Allah'ın dilimizi, dilimize konuşma özelliğini vermesi ve söyleyeceğimiz sözü yaratmasıdır. Biz de o dili kullanmada sorumlu oluyoruz. İyisine de, kötüsüne de...

***

Sorumlu insanın kendisi

Allah diyor ki: "Ey kulum hangi yolu istersen seni o yolda götürürüm. Öyle ise sorumluluk sana aittir."

Bu konuda güzel bir örnek:

Üç yaşındaki bir çocuğu omzuna aldın, gezdiriyorsun. Onu serbest bıraktın. "Nereye istersen seni oraya götüreceğim" dedin.

Çocuk karşıdaki yüksek tepeye çıkmak istedi. Sen de aldın, o tepeye çıkardın.

Biraz sonra çocuk üşüdü. Başladı ağlamaya, sızlamaya. Dedi ki: "Beni buraya getirdin, üşüttün, hasta ettin."

Sen de çocuğa, "Sen istedin, ben getirdim" diyeceksin, suçu kabul etmeyeceksin, üstelik çocuğa kızacaksın.

İşte Allah insana akıl gibi iyiyi kötüden, güzeli çirkinden, hayrı şerden, yanlışı doğrudan, faydalıyı zararlıdan, imanı küfürden, Cenneti Cehennemden ayırt edebilecek bir nimet vermiş. Bütün bu birbirine ters olan şeyleri de yaratmış ve insanı serbest bırakmış.

Demiş ki: "Ey kulum, sen hangisini tercih edersen, hangisini yapmak istersen, Ben onu yaratırım."

Kul seçeneklerden birini tercih ediyor, Allah da o fiili, o işi yaratıyor.

Niyet edip yapan insan mı sorumlu, yoksa o işi yaratan, var eden Allah mı? Tabiî ki, insan. Niye, çünkü isteyen insanın kendisi.

"Allah isteseydi, ben o kötü işi yapmazdım, o zararlı yolu tercih etmezdim" denmez.

Neden denmez?

Çünkü o zaman insanın aklının olmaması, tercih etme imkânının bulunmaması gerekir ki, bu da mümkün değildir.

Madem akıl var, seçme imkânı var, ayırt etme yönü var. Onu kullanmak lâzım.

***

Ders çalışmayıp kırık not aldın ve sonunda sınıfta kaldın, sorumlu kim? Sen.

Derslerine çalıştın, sınıfı geçtin, takdirname aldın, kim hak etti? Sen.

Okul ne yaptı? Yaptığın tercihler istikametinde seni değerlendirdi, hak ettiğini verdi.

***

Yepyeni bir araba aldın, dümdüz bir yolda giderken, yoldan çıktın, gittin yolun kenarında duran bir kayaya arabayı bindirdin.

Yolu yapanı, arkadan gelen arabayı, biraz sonra gelen trafik polisini, arabayı yapan fabrikayı suçlamaya kalksan sana ne derler?

Gülerler, değil mi? Çünkü tek suçlu var, o da sensin.

Bir de "Zaten bu benim kaderimde varmış" deyip de suçu kadere atabilir misin?

Veya yolda giderken, hızını artırdın, biraz sonra önünde seyreden arabaya arkadan vurdun. Çok bir zaman geçmeden trafik polisi geldi, kimi suçlu çıkarır? Seni.

Neden? Çünkü vuran sensin. "Öndeki çok yavaş gidiyordu, biraz hızlı gitseydi vurmazdım" diyebilir misin?

Bir de üstüne üstlük, "Ne yapalım kader bu" deyip sorumluluktan kaçabilir misin?

Bir başka örnek. Geldin, geldin viraja çok hızlı bir şekilde girdin, arabayı toparlayamadın ve uçuruma yuvarlandın. Az sıyrıklarla kurtuldun.

Biraz sonra bir adam geldi, dedi ki: "Ben zaten senin böyle olacağını biliyordum, ben yukarıdan gördüm, o hızla virajı alamazdın, mutlaka uçuruma yuvarlanacaktın."

O adama, "Suçlu sensin, sen benim uçuruma yuvarlanacağımı bildiğin için ben bu kazayı yaptım" diyebilir misin?

Demek ki, Allah'ın önceden bizim yapacaklarımızı bilmesi, bizi sorumluluktan kurtarmaz.

Bir olayın kaderimizde yazılı olması bizi o olayın sorumluluğundan çıkarmaz.

***

Kaderden şikâyete hakkımız var mı?

Bir örnek daha verelim isterseniz...

"Hayatın başına gelen her şey güzeldir."

Büyük bir tekstil firmasının modelisti, bir mankeni ücretiyle tutar. Onun üzerinde kıymetli, süslü birçok elbise dener. Bazı elbiseleri keser, biçer, uzatır, kısaltır. Onu çıkarır, bir başka modeli denemek için giydirir. Onu çıkarır, başka bir elbiseyi üzerinde ölçer, biçer.

Bu manken, "Bana zahmet veriyorsun, eğilip kaldırmakla beni yoruyorsun. Beni güzelleştiren bu elbiseyi kesip kısaltmakla güzelliğimi bozuyorsun" diyebilir mi? "Merhametsizlik, insafsızlık ediyorsun" demeye hakkı var mıdır?

Diyemez ve hakkı da yoktur.

Çünkü bir defa bu işi yapmak için ücret alıyor, ikincisi de elbise kendisinin değil, tekstil firmasının, başkasının malı. O elbiseye sahip çıkamaz, hak iddia edemez.

Aynen bu misalde olduğu gibi, her şeyin gerçek sahibi ve maliki olan Yüce Yaratıcı, göz, kulak, akıl, kalb gibi duygularla süslü bu beden elbisesini değişik biçimlere sokabilir.

Bazen hastalıklar verir, musibetlere sokar, dertlere müptelâ kılar. Gün gelir, insan gözünü kaybedebilir, işitme duygusundan mahrum kalabilir.

Bu durumlarda insanın şikâyet etmeye, bağırıp çağırmaya, inleyip sızlanmaya hakkı var mı?

Gerçekten yok.

Neden?

Çünkü bu beden ve üzerindeki duygular ve organlar insanın kendi malı değil ki.

Onu kendisine Allah vermiş bir emanet olarak ve geçici olarak...

Demek ki, başımıza bir şey gelince, şikâyet etmeye, dövünmeye gerek yoktur. Çünkü mülk sahibi O, mülkünde istediği gibi tasarruf eder, evirir, çevirir, iyi eder, hasta eder, dert verir, şifa verir.

O manken adam gibi, insan ücretini peşin almıştır.

Nasıl?

Hayattan zevk alıyor, gözüyle, kulağıyla, diliyle, birçok duygularıyla lezzet alıyor. Bu lezzet onun peşin ücreti sayılıyor.

Öyle ise hayatın başına gelen her şey güzeldir. Çünkü Ondan geliyor, bedenimizin, ruhumuzun gerçek sahibinden geliyor.

(Yirmialtıncı Söz'den)

NUR DEDE ANLATIYOR-2

Mehmed PAKSU
160 sayfa

Mehmed Paksu, Nur Dede'yi bize tanıtan bir kitap yazmıştı. Ardından da Nur Dede Anlatıyor kitabıyla, Nur Dede'nin tüm insanlığa faydalı görüşlerini, akıcı ve anlaşılır bir üslupla ele alıp okurların istifadesine sunmuştu.

Bu kitaplar çok sevildi, çok okundu.

Şimdi de Nur Dede Anlatıyor-2 huzurlarınızda...

Nur Dede bütün kitaplarında, bütün yazdıklarında, hayatı boyu yaptığı sohbetlerinde tek konu üzerinde durmuş: İman...

Allah bize neler vermiş, neler verecek?

İman nasıl yenilenir?

Kaç çeşit şükür vardır?

Peygamberimizin her şeyi mucize miydi?

Ölüm ne kadar güzeldir?

Huyumuz nasıl değişir?

Bu eserde, bizleri ilgilendiren hayatî ve önemli konular iman ekseninde ele alınıyor ve aklımıza takılan pek çok konuya ışık tutuyor.

Çocuktan gence, gençten yaşlıya, kadın erkek herkesin rahatlıkla anlayacağı bu eser, hayatımızın kılavuzu olacak nitelikte bir çalışma...

Tel: (0212) 551 32 25 pbx

NUR DEDE
ANLATIYOR-3

Mehmed PAKSU
144 sayfa

Bütün kitaplarında, bütün sözlerinde bize hep Allah'ı anlattı Nur Dede'miz. Her zaman karşılaştığımız, gördüğümüz ve duyduğumuz olaylardan, varlıklardan çok büyük iman dersleri çıkarmanın yollarını gösterdi.

Diğer kitaplarında olduğu gibi Nur Dede'miz bize bu kitapta da bakın neler neler anlatıyor.

Horozun çobanlığını, tavuğun örnek anneliğini...

Ömrümüzü nasıl uzatabileceğimizin yollarını…

Cenneti kolaylıkla kazanma çarelerini…

Hz. Yunus'u yutan balığı, Hz. Eyyub'un yaralarından kurtuluşunu…

Ve merakla okuyacağınız pek çok konuyu bulacaksınız bu kitapta.

NESİL

Tel: (0212) 551 32 25 pbx